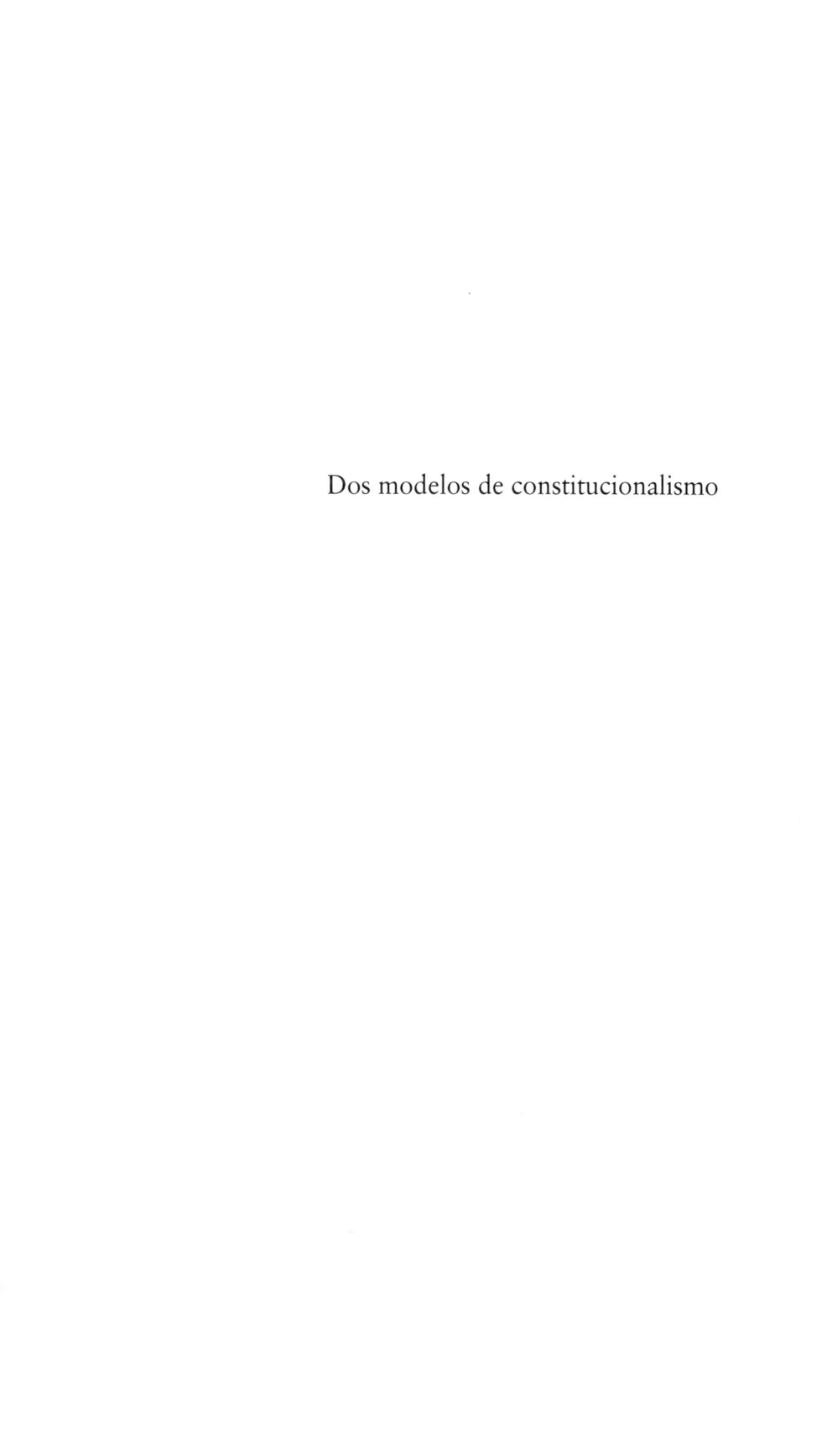

Dos modelos de constitucionalismo

Dos modelos de constitucionalismo.
Una conversación

Luigi Ferrajoli
Juan Ruiz Manero

EDITORIAL TROTTA

COLECCIÓN ESTRUCTURAS Y PROCESOS
Serie Derecho

© Editorial Trotta, S.A., 2012
Ferraz, 55. 28008 Madrid
Teléfono: 91 543 03 61
Fax: 91 543 14 88
E-mail: editorial@trotta.es
http://www.trotta.es

© Luigi Ferrajoli y Juan Ruiz Manero, 2012

ISBN: 978-84-9879-254-6
Depósito Legal: S. 160-2012

Impresión
Gráficas De Diego

CONTENIDO

Nota preliminar.. 9
Cuestiones biográficas. Trabajo intelectual y compromiso civil............ 13
Dos modelos de teoría del Derecho y de constitucionalismo............... 31
Cuestiones políticas. Diagnósticos y propuestas............................ 121

NOTA PRELIMINAR

Este libro recoge una larga conversación con Luigi Ferrajoli desarrollada, por medio de sucesivos correos electrónicos, a lo largo de varios meses.

Cabe distinguir en ella tres partes. La primera aborda cuestiones relativas al contexto en el que tuvieron lugar los inicios de Luigi Ferrajoli como teórico del Derecho. Dentro de este marco, la conversación discurre, limitándonos a sus temas principales, por la atmósfera cultural sesentayochista, la situación de la teoría del Derecho en la Italia de los años sesenta/setenta, el magisterio ejercido por Norberto Bobbio en aquellos mismos años, y el significado del movimiento Magistratura Democratica, en cuya fundación y primeros desarrollos participó muy directamente Ferrajoli.

De esta primera parte se pasa, sin solución de continuidad, a la que viene a ser la parte central y más amplia de nuestra conversación (más de dos tercios del total de este pequeño volumen), dedicada a la teoría del Derecho de Luigi Ferrajoli y, muy especialmente, al modelo de constitucionalismo «garantista» que él mismo defiende. Digo que el paso de la primera parte a esta segunda se produce sin solución de continuidad porque es la respuesta de Luigi Ferrajoli, en términos más bien teóricos, a una pregunta formulada, a propósito de Norberto Bobbio, con intenciones más bien biográficas, lo que marca el tránsito de una parte a otra. Si el libro seguía, en su primera parte, el patrón ortodoxo de la entrevista, en que uno de los interlocutores pregunta y el otro responde, este patrón queda ahora abandonado para dar paso a una discusión entre dos modelos de constitucionalismo y, en general, de teoría del Derecho: el modelo «garantista» y el modelo que, a falta de mejor denominación, suele llamarse «postpositivista» o «principialista». En esta discusión están presentes muy claramente al menos dos asimetrías: tanto el garantismo como el principialismo pueden considerarse subcorrientes insertas en la *mainstream* o corriente principal de la teoría del Derecho actual; pero el garantismo es una subcorriente claramente minoritaria, en tanto que el principialismo es, probablemente, la subcorriente más poblada de esa corriente principal. Claro está que las cuestiones de número ni quitan ni ponen rey (y ni siquiera ayudan a ningún señor) en las disputas teóricas. Mayor significación tiene, seguramente, por ello, una segunda asimetría: así como el garantismo está representado aquí por su líder indiscutible, la representación del principialismo es, sin duda ninguna y sin que afirmarlo implique ninguna clase de afectación de virtud, mucho más modesta.

La tercera parte del libro se dedica a algunos puntos salientes del diagnóstico y de las terapias propuestas por Luigi Ferrajoli respecto a algunos problemas clave de las relaciones internacionales en la actualidad y, también, y sobre todo, respecto a la, desde hace algunos años, cuasi perenne crisis constitucional italiana. En esta tercera parte recupero mi papel de entrevistador circunspecto y me limito a recoger las respuestas de Ferrajoli a las cuestiones que entiendo de mayor importancia, sin entrar en discusiones en las que solo podría jugar el papel del *dilettante*.

El conjunto conforma una conversación que, creo (y pienso que no incurro con ello en un optimismo excesivo), puede tener interés para cualquier persona culta preocupada por los problemas de la vida colectiva. Si esto es más o menos obvio por lo que hace a las partes primera y tercera, me interesa especialmente resaltarlo por lo que hace a la segunda, en la que se confrontan dos modelos de teoría del Derecho. Si este pequeño libro contribuyera a superar la incomunicación que, en general, separa a los cultivadores de la teoría del Derecho de quienes se interesan por cualquier otra rama de las ciencias sociales e hiciera ver a estos últimos que los problemas que discutimos los teóricos del Derecho merecen un lugar, por humilde que sea, en la agenda de la deliberación pública general y no solo (por utilizar una expresión de Bobbio) en el *huerto cerrado* de las profesiones jurídicas, yo personalmente (y creo que también Luigi Ferrajoli) me sentiría más que satisfecho.

Septiembre de 2011

Juan Ruiz Manero

CUESTIONES BIOGRÁFICAS.
TRABAJO INTELECTUAL Y COMPROMISO CIVIL

JUAN RUIZ MANERO: Llama la atención, al examinar tu biografía, que tú has sido capaz de ejercer una extraordinaria influencia sobre la izquierda a la vez que desarrollabas una trayectoria intelectual por completo ajena a las modas que han venido imperando en este ámbito ideológico. Y esto es así, me parece, desde el comienzo, quiero decir, desde tu primer libro. En el momento en el que en la izquierda europea predomina un hipermarxismo más o menos romántico y con componentes claros, aunque no desde luego no reconocidos, de irracionalismo —los años de la revuelta antiautoritaria, de mayo del 68, del «otoño caliente» italiano del 69, etc.—, tú publicas un libro tan ajeno a ese clima cultural como la *Teoria assiomatizzata del diritto*[1]. ¿Cuál fue tu relación con los movimientos en torno al 68 y con sus expresiones intelectuales? ¿Y cómo se articulaba con ello la posición institucional de juez que desempeñaste, según creo, desde el 67 hasta el 75?

LUIGI FERRAJOLI: Es verdad. Mi ubicación en la izquierda (que no sabría decir en qué medida fue influyente) fue, en aquellos años, un tanto heterodoxa. Mis estudios —en mis años de formación, en la escuela de Bobbio— fueron sobre todo de Derecho, de lógica, de análisis del lenguaje y de filosofía de la ciencia. Sin embargo, también yo, como tantos otros, sentí entonces la gran fascinación que ejercía el pensamiento de Marx: por sus análisis

---

1. L. Ferrajoli, *Teoria assiomatizzata del diritto*, Giuffrè, Milán, 1970.

de la explotación del trabajo y de las desigualdades sociales y por habernos enseñado, como escribió Bobbio, en uno de los ensayos más bellos recogidos en su libro *Politica e cultura*[2], «a ver la historia desde el punto de vista de los oprimidos». Recuerdo haber defendido a Marx, en un congreso italiano de filosofía del Derecho de 1978, dedicado a «Sociedad y Derecho en Marx», del juicio liquidatorio formulado por mi maestro Bobbio en su ponencia introductoria[3]. Distinto fue siempre mi juicio sobre el marxismo, en torno al cual mis pocas intervenciones de aquellos años fueron críticas y polémicas. Pero nunca he infravalorado el enorme papel histórico de Marx y del propio marxismo: por haber refundado la política moderna, abriéndole una perspectiva nueva de progreso y redefiniendo sus horizontes y sus contenidos; y por haber contribuido, en Europa, al nacimiento de los partidos socialistas de masas y a su enraizamiento en la sociedad. Tampoco he infravalorado nunca el papel desarrollado en nuestros países por estos partidos: los cuales, a pesar de sus dogmatismos ideológicos y sus degeneraciones burocráticas, han promovido en Europa la emancipación civil y la participación política de amplias masas de marginados y el desarrollo del Estado social y de nuestras democracias: hasta tal punto es esto verdad que todo ello ha entrado en crisis, sobre todo en Italia, con la crisis del marxismo y con la inesperada desaparición de los partidos socialistas y comunistas.

Lo que siempre he encontrado insoportable en la cultura política comunista ha sido el desprecio total, tenido a gala, por el Derecho y por los derechos: un desprecio apoyado en fórmulas sin sentido —como la perspectiva de la extinción del Estado, la dictadura del proletariado, la idea del Derecho como ley del más fuerte o como superestructura— y también en la ingenua confianza en un poder «bueno» (la enésima versión del «gobierno de los hombres» en oposición al «gobierno de las leyes») solo porque habría sido conquistado y se ejercería en nombre de los oprimidos. Por lo demás, ha sido este desprecio por el Derecho y por los derechos, me

---

2. N. Bobbio, «Libertà e potere», en *Politica e cultura*, Einaudi, Turín, 1955.
3. N. Bobbio, «Appunti per una introduzione al dibattito su marxismo e diritto», en *Problemi della sanzione. Società e diritto in Marx. Atti del XII Congresso nazionale di filosofia del diritto*, vol. I, *Relazioni*, Bulzoni, Roma, 1978, pp. 123-130. Mi intervención en *ibid.*, vol. II, *La discussione*, Bulzoni, Roma, 1979, pp. 191-196.

parece, la causa principal del trágico e imperdonable fracaso de la gran esperanza del siglo pasado que fue el comunismo realizado: que no fue, como escribió Bobbio, más que una «utopía invertida», es decir, la transformación en su contrario de todas las promesas y perspectivas de igualdad y de liberación, de democracia y de progreso que la revolución soviética había suscitado. Añado que, más allá de este comunismo «realizado», todas las discusiones sobre los comunismos llamados «posibles» o «distintos» o «alternativos», soñados en Italia por la extrema izquierda, me han parecido siempre discusiones vacías —románticas e irracionales, como dices tú— semejantes a las discusiones teológicas sobre Dios: disponemos de una palabra y nos planteamos el problema de encontrarle un sentido.

La idea del empleo de la lógica en la construcción de una teoría del Derecho —puesta a prueba de forma embrionaria y rudimentaria, como has recordado, en la *Teoria assiomatizzata del diritto* de 1970[4], escrita respondiendo al estímulo de Norberto Bobbio— nació también del fastidio por ese irracionalismo romántico e irresponsable. En cuanto a mi compromiso político, se manifestó, en aquellos años, en mi abierta solidaridad con el primer movimiento estudiantil, que provocó mi brusco alejamiento del Instituto de Filosofía del Derecho de la Universidad de Roma, dirigido entonces por Sergio Cotta, que no toleraba la contestación de los estudiantes. Pero se manifestó, sobre todo, en mi participación activa en la fundación de una asociación de jueces jóvenes, Magistratura Democratica, comprometida en la redefinición de un papel garantista de la jurisdicción, anclado en los principios de la Constitución, que hasta entonces habían permanecido sustancialmente ignorados por la jurisprudencia dominante. Fui juez, en efecto (como pretor[5] en Prato, cerca de Florencia) durante ocho años, de 1967 a 1975. Creo que esa experiencia judicial fue decisiva en mi formación: porque me condujo, desde los cielos de la lógica y de la teoría, a poner los pies sobre la tierra, y porque me hizo experimentar

---

4. Cit. en nota 1.
5. El pretor era, en Italia, un órgano jurisdiccional unipersonal, con competencias de juez primera instancia en materia civil (limitada a las causas de valor más modesto) y penal (limitada a los delitos más leves y donde acumulaba también funciones instructoras). La figura del pretor fue suprimida en 1989. [JRM]

los caracteres clasistas de nuestra justicia y la distancia, por ausencia o debilidad de las adecuadas garantías, entre el deber ser constitucional del Derecho y su ser efectivo, todavía infectado por la vieja legislación fascista.

J.R.M.: Sin conocer, como es natural, los pormenores de la historia, tengo la impresión de que eludes dar cuenta de sus aspectos más ásperos. Tengo ahora mismo a la vista la «Premessa» compuesta por Bobbio para sus *Studi per una teoria generale del diritto* de 1970, en la que este indica que «no se me oculta que para la teoría general del Derecho *mala tempora currunt*», en referencia, sobre todo, a las críticas de la izquierda que, «con particular encarnizamiento y falta de misericordia», acusan a la teoría general del Derecho de ser «culpable de haber distanciado el Derecho de la vida, de haberlo congelado para no dejarlo corromper por las tempestades de la historia, y, por tanto, de favorecer la conservación social». «Nada de esto es verdad», continuaba Bobbio, quien, tras reivindicar las virtualidades de la teoría general del Derecho, concluía que esta «únicamente no ofrece nada a aquellos cuya rebelión contra la objetividad de la ciencia ha llegado a ser un pretexto para dar una absolución plenaria incluso a las formas más descaradas de pensamiento tendencioso»[6].

He introducido esta cita de Bobbio porque parece traslucirse en ella una actitud de hartazgo y amargura hacia estas «formas más descaradas de pensamiento tendencioso» dominantes en la izquierda estudiantil, pero no solo estudiantil, de aquellos años. Y parece razonable suponer que este hartazgo y amargura tienen que ver con lo que Bobbio podía vivir como incomprensiones y ataques injustos hacia lo que su orientación intelectual representaba. En tu caso, siendo tu orientación intelectual similar a la de Bobbio, pero siendo tú treinta años más joven —más próximo, pues, generacionalmente, a los exponentes más conspicuos del «pensamiento tendencioso»— cabe suponer que vivirías todo ello de forma más directa y más vívida. ¿Puedes contarnos algo de tus recuerdos al respecto? Tu condición de juez ¿dio lugar a particulares episodios de incomprensión o de ataques hacia ti, como miembro de los «apa-

---

6. N. Bobbio, *Studi per una teoria generale del diritto*, Giappichelli, Turín, 1970, pp. 8-9.

ratos represivos del Estado», por utilizar la jerga de la izquierda estudiantil del momento? Y ¿cómo fue recibida en estos ambientes la publicación de tu teoría axiomatizada del Derecho?

L.F.: Comparto enteramente las frases de Bobbio que acabas de recordar. Aprendí justamente de Bobbio la concepción de la teoría general del Derecho como teoría «pura», como la calificó Kelsen, o «formal», como la caracterizó Bobbio: como una teoría, precisamente, que se limita (y debe limitarse) a definir conceptos, a identificar las relaciones sintácticas que se dan entre ellos y a analizar las estructuras formales de los ordenamientos, sin decirnos nada de sus concretos contenidos normativos (objeto de las disciplinas jurídicas positivas), ni sobre su justicia o injusticia (objeto de la crítica política y de la filosofía de la justicia), ni acerca de cómo operan de hecho (objeto de la sociología del Derecho). Comparto hasta tal punto esa visión de la teoría general del Derecho que la construcción de una teoría del Derecho no solo formal, sino también formalizada y axiomatizada ha representado, durante más de cuarenta años, la finalidad y el trabajo principal de mi vida: comenzando por uno de mis primeros escritos —«Saggio di una teoria formalizzata del diritto»[7]— de 1965, más tarde con la *Teoria assiomatizzata del diritto. Parte generale*[8] de 1970, que has recordado tú, hasta los tres volúmenes de *Principia iuris. Teoria del diritto e della democrazia*[9] de 2007.

Puedes comprender por ello hasta qué punto comprendía y compartía, aun siendo treinta años más joven, el fastidio de Bobbio por las «formas descaradas de pensamiento tendencioso» presentes entonces en la extrema izquierda (pero a las cuales, hay que añadir, no puede ciertamente reducirse el papel de esta, porque con seguridad no fueron «pormenores de la historia» las muchas for-

---

7. L. Ferrajoli, «Saggio di una teoria formalizzata del diritto»: *Rivista Internazionale di Filosofia del Diritto* 12 (1965).
8. Cit. en nota 1.
9. *Principia iuris. Teoria del diritto e della democrazia*, Laterza, Bari, 2007; vol. 1: *Teoria del diritto*, vol. 2: *Teoria della democrazia*, vol. 3: *La sintassi del diritto*. [Trad. esp. de P. Andrés Ibáñez, J. C. Bayón, M. Gascón, L. Prieto Sanchís y A. Ruiz Miguel: *Principia iuris. Teoría del Derecho y de la democracia*, Trotta, Madrid, 2011, vol. 1: *Teoría del Derecho*, vol. 2: *Teoría de la democracia*, vol. 3: *La sintaxis del Derecho*]. En adelante, los volúmenes de esta obra se citan como PI I, PI II y PI III.

mas de crecimiento democrático generadas en Italia por la temporada sesentayochesca).

También yo, por lo demás, experimenté las incomprensiones y los ataques de ese extremismo ideológico frente al Derecho y a la cultura jurídica, incluso frente a la progresista. Recuerdo que en 1970, inmediatamente después de la aprobación de la ley que regulaba el referéndum derogatorio previsto en el artículo 75 de la Constitución italiana, Magistratura Democratica promovió un referéndum para la derogación de todas las normas sobre delitos de opinión presentes en el Código penal fascista (y en parte todavía vigentes). Fui yo mismo quien hizo la propuesta y escribió las preguntas del referéndum y el informe en su apoyo. No llegamos a recoger las 500.000 firmas exigidas para la validez de la propuesta (recogimos aproximadamente 360.000), entre otras razones porque la iniciativa no tuvo la adhesión del PCI y, sobre todo, porque fue ásperamente contestada por los grupos de la izquierda extraparlamentaria, quienes la motejaron de «liberal» y «pequeñoburguesa».

Los grupos de extrema izquierda manifestaron la misma incomprensión por el papel garantista de los derechos fundamentales; papel garantista que, precisamente en esos años, un grupo de jueces jóvenes, yo entre ellos, teorizamos y practicamos, sobre todo en el proceso penal y en materia de relaciones de trabajo. También nosotros éramos considerados, en la estúpida jerga recordada por ti, «miembros de los aparatos represivos del Estado». Sin embargo, lenta y fatigosamente, ya a finales de los años setenta los temas del garantismo, de la no violencia, de la defensa del Estado de Derecho y de la actuación de los principios constitucionales terminaron por afirmarse también en la extrema izquierda, a la vez que la condena firme de las derivas terroristas, destructivas y violentas.

En cuanto a mi *Teoria assiomatizzata del diritto*, fue simplemente ignorada en los ambientes políticos; no más ignorada, por lo demás, que los estudios de lógica y de análisis del lenguaje jurídico que se venían desarrollando en esos años en la escuela de Bobbio. Entre los marxistas, aparte de la apreciación positiva de marxistas no ortodoxos como Umberto Cerroni y pocos más, la reacción a mi trabajo fue de desconcertada desconfianza.

J.R.M.: Cuando se te oye hablar de aquellos años, uno tiene la impresión de que el papel de juez en general, y muy especialmente el rol que jugabas en el movimiento de Magistratura Democratica, te producía más satisfacciones que el de profesor. ¿Por qué abandonaste la condición de juez y decidiste ser un profesor a tiempo completo?

L.F.: Nunca pensé, ni por un momento, en abandonar mis estudios. Entré en la judicatura casi por casualidad: para tener un trabajo y el sueldo correspondiente. Tampoco en aquella época era fácil, para un joven, entrar en plantilla en la Universidad. Después de la licenciatura había obtenido, entre 1962 y 1965, tres becas anuales, que ya no se podían renovar. El trabajo de juez, por otra parte, me despertaba curiosidad. Solo tras haber comenzado a ejercer las funciones de tal me encontré con otros jueces jóvenes, que entre tanto acababan de constituir el grupo de Magistratura Democratica. La experiencia judicial y la reflexión colectiva en el interior de Magistratura me hicieron comprender muchos aspectos del funcionamiento práctico del Derecho que, de otra forma, quizás hubiera ignorado siempre. Fue gracias a esa experiencia, en particular, por lo que empecé la reflexión sobre la divergencia deóntica —que entonces experimenté y más tarde teoricé como rasgo distintivo de la democracia constitucional— entre el deber ser (constitucional) del Derecho y el ser (legislativo y jurisprudencial) de ese mismo Derecho, y, más específicamente, entre la validez (también sustancial) y la vigencia (solo formal) de las leyes. Recuerdo que justamente en esos años —precisamente en 1970, con ocasión de uno de los seminarios bobbianos que cada año, el 19 de marzo, organizaba el grupo de iusfilósofos analíticos— critiqué por primera vez, en desacuerdo con Bobbio, la equivalencia kelseniana, que a mi parecer ya no resulta sostenible en presencia de constituciones rígidas, entre validez y vigencia, así como el carácter avalorativo de la ciencia jurídica, que a su vez ya no resulta practicable ni practicado a causa de la crítica del Derecho ilegítimo que, a mi parecer, debe desarrollarse tanto por las disciplinas jurídicas positivas como por la jurisdicción.

Por lo demás, nunca he dejado de enseñar. En 1969 obtuve lo que entonces se llamaba *libera docenza* en filosofía del Derecho y, muy pronto después, el encargo de enseñar teoría general del

Derecho en la Universidad de Camerino, donde permanecí enseñando más de treinta años. Ciertamente, como dices tú, recuerdo que en esos años el trabajo de juez y, sobre todo, las batallas de Magistratura Democratica por la renovación en sentido constitucional de la jurisdicción me apasionaron y me comprometieron totalmente: por primera vez nos parecía revertir la vieja imagen del juez como «instrumento de represión», como se decía entonces, y realizar, por el contrario, su papel garantista de los derechos querido por la Constitución. Pero no tuve ninguna duda, cuando en 1975 gané el concurso para profesor ordinario, en pasar por completo a la Universidad.

J.R.M.: A partir de 1975, pues, eres un profesor a tiempo completo. Pero un profesor peculiar, pues a tu trabajo intelectual se añade un compromiso civil incansable —ciertamente inusual entre los profesores de estos años— que te hace participar en mil batallas, tanto de ámbito italiano como de ámbito global. ¿Cómo periodizarías tú tu vida, tanto en el plano del trabajo intelectual como en el del activismo cívico? ¿Y qué hitos destacarías como más importantes en uno y otro ámbito?

L.F.: Es verdad. Desde el fin de los años setenta he participado en muchas batallas civiles, escribiendo artículos en periódicos y revistas, en particular en el diario *Il Manifesto*, dando conferencias, interviniendo en innumerables debates y congresos. Tras 1975 y durante todos los años ochenta mi compromiso fue sobre todo en defensa de las garantías penales y procesales contra el Derecho penal de excepción y contra las desviaciones inquisitoriales que caracterizaron en Italia a la respuesta de emergencia al terrorismo. Del análisis y de la crítica de esa experiencia nació el libro *Diritto e ragione. Teoria del garantismo penale*, publicado en 1989[10]. Más tarde, en estos últimos veinte años, he intervenido repetidamente en el debate público, en defensa de la Constitución, sobre los temas más variados: desde los intentos de reforma constitucional a

---

10. L. Ferrajoli, *Diritto e ragione. Teoria del garantismo penale*, Laterza, Bari, 1989. [Trad. esp. de P. Andrés Ibáñez, A. Ruiz Miguel, J. C. Bayón Mohino, J. Terradillos Basoco y R. Cantarero Bandrés: *Derecho y razón. Teoría del garantismo penal*, Trotta, Madrid, [10]2011].

las muchas distorsiones y destrozos de las instituciones llevados a cabo por los gobiernos de derecha; desde las guerras americanas, en las que Italia ha participado en violación del artículo 11 de la Constitución, a la legislación y las campañas racistas contra los inmigrados; desde las intromisiones de las jerarquías vaticanas en temas de derechos civiles a la disolución de las garantías en materia de trabajo, a las restricciones impuestas a la escuela y a la sanidad públicas, a las muchas leyes *ad personam* aprobadas para sustraer de los procesos penales al actual jefe del gobierno, al cuasi-monopolio de la información detentado por él, a la deriva populista y a los conflictos de intereses que están comprometiendo nuestra democracia representativa.

Con seguridad que el compromiso con estos temas ha influido y orientado mi trabajo teórico. Pero creo que lo contrario es también verdadero. Puede ser que lo que estoy diciendo sea fruto de una racionalización a posteriori. Pero pienso que mi compromiso civil con los temas que he enumerado ahora ha estado, al menos en parte, determinado por la concepción que, desde los años sesenta y setenta, y también gracias a la experiencia de juez, he madurado acerca de la estructura de las democracias constitucionales actuales: en particular, por el reconocimiento de las divergencias de las que he hablado ya entre las promesas constitucionales y las ilegítimas violaciones de las mismas en el Derecho vigente, divergencias que en alguna medida son inevitables y fisiológicas, pero que en Italia han llegado a ser sistemáticas y patológicas. La reflexión teórica sobre estas divergencias es lo que ha motivado siempre mi compromiso político y, al mismo tiempo, me ha inducido a teorizar el papel de crítica del Derecho vigente y de planeamiento del Derecho futuro que incumbe a la cultura jurídica: un papel, creo, que en nuestras democracias, viene impuesto por el propio Derecho y su estructura de múltiples niveles, siempre que se tomen en serio los preceptos constitucionales.

Por lo demás, siempre he estado convencido del nexo entre Derecho y política. En este nexo reside el aspecto que me ha parecido siempre más atractivo y estimulante del positivismo jurídico, y más todavía de ese positivismo que se extiende al deber ser del Derecho mismo que a mi parecer es el constitucionalismo rígido actual. El mundo del Derecho, es decir, el objeto de la ciencia jurídica no es, a diferencia del de las ciencias naturales, un mundo natural, sino un mundo artificial, «puesto», es decir, producido por hombres a quienes corresponde la responsabilidad de ello. Cómo es y cómo será el Derecho depende de la política y de su capacidad de realizar los principios del texto constitucional. Pero depende también, en cuanto a cómo es pensado y proyectado, de la cultura jurídica: de su actitud hacia el análisis y la crítica de tantos flancos de ilegitimidad en el ejercicio de los poderes públicos y también de su capacidad para imaginar, en el plano teórico, técnicas de garantía capaces, si no de impedirlos, por lo menos de reducirlos.

Me has preguntado cuáles han sido las principales vicisitudes que han marcado mi vida de estudioso. Diría que, ante todo, mi encuentro con Norberto Bobbio en 1962, inmediatamente después de la licenciatura. A Bobbio le debo gran parte de mi formación. Le debo el aliento para emprender los primeros intentos de axiomatización de la teoría del Derecho. Pero sobre todo Bobbio ha sido siempre para mí —por su valor intelectual, pero también por sus extraordinarias cualidades humanas y morales— un modelo y un maestro de vida. En segundo lugar, como ya he dicho, la experiencia judicial fue para mí una experiencia decisiva, sobre todo en un puesto como el de Prato, en el que, como pretor, tenía una competencia casi general: penal, civil, en materia de familia y de trabajo. En cuanto a mi compromiso político, fueron decisivos para mí, desde los años setenta, las relaciones con algunas figuras ejemplares de la izquierda italiana: en particular Lelio Basso, Vittorio Foa, Rossana Rossanda y Carlo Galante Garrone. Pero no menos importantes fueron el encuentro y la amistad con algunas figuras ejemplares de jueces: Salvatore Senese, Ottorino Pesce, Marco Ramat, Giovanni Palombarini, Luigi Saraceni, Alessandro Margara, Paolo Dusi, Giancarlo Scarpari, Pino Borré, Franco Ippolito y, después, Perfecto Andrés Ibáñez, al que conocí en 1975, con ocasión de un viaje suyo a Italia, cuando, siendo un joven juez, quiso entrar en contacto con el grupo de Magistratura Democratica. A Perfecto le debo la difusión de mis trabajos en lengua castellana: primero la traducción de algunos ensayos sobre la judicatura y más tarde la promoción de la edición castellana, en la Editorial Trotta, de mis trabajos de mayor alcance, desde *Derecho y razón* a *Principia iuris*.

Quizás valga también la pena recordar que una fuente constante de conocimientos y estímulos fue para mí la participación en el llamado «Tribunal permanente de los pueblos», creado por Lelio Basso a imagen del Tribunal Russell sobre la guerra de Vietnam: tribunal de opinión, explícitamente concebido y ejercido como destinado a suplir la falta de una jurisdicción internacional. Diré que mi teoría de las «lagunas» y mis tesis antiabolicionistas en materia penal también maduraron gracias a esas experiencias: sobre la base del reconocimiento de la total ausencia, a nivel internacional, de las más elementales garantías de los derechos humanos proclamados en tantas declaraciones supranacionales de derechos. Recuerdo, entre las sesiones en las que participé, las dedicadas a la impunidad de los crímenes contra la humanidad cometidos durante las dictaduras en América latina, a la conquista de América y los orígenes del Derecho internacional, a las guerras, a los destrozos ambientales y a las políticas occidentales contra los inmigrados: en resumen, a muchos temas —los derechos fundamentales, las garantías, la guerra, la soberanía, la ciudadanía, la inmigración— de los que me ocupé en esos años en tantos escritos míos.

J.R.M.: Quisiera que nos hablaras un poco más de la relación entre tu dimensión de teórico y tus empeños civiles. En un artículo publicado hace un par de años en *Nexos*, una revista mexicana, Perfecto Andrés distinguía lo que llamaba «tres vectores, tres líneas de fuerza, tres almas» en tu personalidad: «la del estudioso [...], dispuesto a llegar donde la razón le lleve [...]; la del jurista práctico [...] ocupado en dar soluciones concretas a problemas concretos [...]. Y otra, en fin, la del ciudadano cosmopolita militante, profundamente implicado en diversas articulaciones de una sociedad civil sin fronteras [...]»[11]. No hay duda, desde luego, de que en tu personalidad se dan estas tres dimensiones, estos tres aspectos. Pero, a mi juicio, presentarlos como tres «vectores» o tres «almas» sugiere una imagen de cada una de ellas como independiente, como relativamente incomunicada con las otras. La imagen que tú nos acabas de dar en la respuesta anterior es algo distinta. Presentas *Diritto o ragione* como algo que surge a partir de las experiencias de las luchas de los años ochenta en defensa de las garantías penales y procesales y contra el Derecho penal de excepción. Y, aunque no

---

11. P. Andrés Ibáñez, «Luigi Ferrajoli. Los derechos rigurosamente en serio»: *Nexos* (junio 2008), p. 40.

lo dices expresamente, probablemente podríamos añadir en la misma línea que *Principia iuris* tiene mucho que ver con tus intervenciones en el debate público en los últimos veinte años. Tú dices que también es verdad lo contrario, o sea, que tus empeños civiles han venido determinados por las concepciones que has venido madurando desde los años sesenta y setenta sobre las democracias constitucionales contemporáneas. Y efectivamente es así, pero cuando precisas lo esencial de dichas concepciones lo haces en términos que parecen inmediatamente orientados a la acción transformadora: «divergencias [...] entre las promesas constitucionales y sus ilegítimas violaciones en el Derecho vigente [...] que han llegado a ser en Italia sistemáticas y patológicas», etc., etc. Todo ello me hace pensar que, en la relación en tu persona entre trabajo teórico y proyecto transformador, este último tiene una cierta prioridad. Para explicar en qué sentido digo esto me serviré de un famoso pasaje de Marx, en mi opinión uno de sus mejores quiasmos. Me refiero a aquel en el que decía que «la crítica no es una pasión de la cabeza, sino la cabeza de la pasión». Esto es, la crítica —hoy diríamos, la teoría, el conocimiento— funda la viabilidad y los medios idóneos para un proyecto transformador que de algún modo es previo a ella; proyecto transformador que orienta lo que podríamos llamar el programa de investigación que el estudioso desarrolla. Estos términos digamos marxianos ¿te parecen adecuados para dar cuenta de la relación entre esfuerzo teórico y compromiso transformador en tu peripecia vital? ¿Habría que introducir algún matiz? ¿O esta relación debería explicarse, en tu caso, en términos enteramente diferentes?

L.F.: Me es difícil decir en qué medida la reflexión teórica ha influido y orientado mi compromiso civil y político y en qué medida este compromiso ha influido, a la inversa, sobre mi trabajo teórico. Probablemente han sucedido ambas cosas, y no sabría asignar una prioridad a ninguna de ellas. La bella imagen de Marx que has recordado me parece, por lo demás, que se adapta, al menos en el campo de las ciencias sociales, a cualquier empresa teórica seriamente emprendida, y te agradezco que hayas llamado la atención sobre ella a propósito de mi trabajo.

Con seguridad que la construcción de una teoría exige (y se explica solamente con) una fuerte «pasión» que, en nuestros estudios, sabemos que es intelectual y a la vez política. Está ciertamente el gusto intelectual —diría que casi estético— por la construcción racional. Pero es la pasión política, me parece, lo que en nuestras disciplinas motiva y alimenta la reflexión teórica. Estoy, además y sobre todo, convencido de que el banco de pruebas decisivo para la bondad y la relevancia epistemológica de cualquier teoría del Derecho está constituido, más allá de su alcance empírico y explicativo, también por su virtualidad crítica y pragmática y por su capacidad de fundamentar proyectos. Por eso, desde mis primeros estudios de lógica y de filosofía analítica he temido siempre el riesgo de la autorreferencialidad: el riesgo de las elaboraciones abstractas y entendidas como fines en sí mismas, desvinculadas de la experiencia concreta, inutilizables en la solución de los problemas y destinadas, por ello, a ser ignoradas por las disciplinas jurídicas positivas y aún más por la práctica del Derecho y de la política. Por lo demás, he pensado siempre que ha sido precisamente esta abstracción excesiva, generada a veces por la falta de compromiso y la indiferencia por las cuestiones políticas, la que ha condenado a la esterilidad y a la vacuidad a buena parte de la escolástica iusanalítica.

J.R.M.: Has aludido repetidas veces a la importancia que tuvo Bobbio en los primeros pasos y en la orientación general de tu trayectoria como filósofo del Derecho. Y ello no solo desde el punto de vista del magisterio intelectual, sino también, nos has dicho, como modelo y «maestro de vida». Pues bien: a mí me parece que entre Bobbio y tú hay dos semejanzas muy marcadas y dos diferencias, una de las cuales resulta también, creo, muy marcada y otra que resulta, probablemente, algo más discutible.

La primera semejanza reside en el tipo de teoría del Derecho que ambos habéis desarrollado. Creo que resulta pacífico afirmar que, de las diversas teorías del Derecho hoy presentes en la cultura jurídica italiana, la tuya es la más bobbiana: quiero decir, la más nítidamente inserta en la tradición de positivismo normativista que Bobbio encarnó. La segunda semejanza reside en la combinación, presente en ambos de forma muy intensa, entre trabajo teórico y compromiso cívico.

La diferencia más clara entre Bobbio y tú me parece que puede expresarse acudiendo a la distinción de Isaiah Berlin entre intelectuales-zorro e intelectuales-erizo[12]. Diría que Bobbio fue un caso paradigmático de intelectual-zorro (entendiendo por tales aquellos cuya obra es básicamente fragmentaria y dirigida hacia una amplia pluralidad de centros de interés), mientras que tú estás mucho más cerca del modelo del intelectual-erizo (entendiendo por tales aquellos cuya obra es básicamente unitaria). Y a esta diferencia creo que se añade otra, que puede parecer discutible pero que a mí me parece razonablemente clara. Yo la cifraría en lo siguiente: la relación entre teoría del Derecho y compromiso cívico es, en Bobbio, más bien externa. Leyendo, por ejemplo, los diversos trabajos que componen los *Studi per una teoria generale del diritto*[13] uno no ve por ningún lado al Bobbio filósofo militante, por utilizar una expresión del propio Bobbio. En tu caso, sin embargo, la relación entre teoría del Derecho y compromiso cívico parece mucho más interna: *Diritto e ragione* o *Principia iuris* son textos en los que se transparenta, por así decirlo, el compromiso transformador.

¿Estás de acuerdo en esto último? Y, de ser así, ¿crees que ello tiene alguna relación con el carácter fragmentario de la obra de Bobbio y el carácter más bien unitario de la tuya?

L.F.: Estoy de acuerdo contigo. Me reconozco tanto en las dos semejanzas como en las dos diferencias que señalas. No me detengo en las semejanzas más que para decir que mi positivismo jurídico, como diré más adelante, es bastante distinto del de Bobbio y que, más allá de la misma combinación, como dices tú, de trabajo teórico y de compromiso civil, la influencia ejercida por Bobbio en la cultura y en la política italiana ha sido muchísimo mayor que la mía.

En cuanto a las dos diferencias, ambas son innegables. Bobbio, por sus múltiples intereses y por su profunda y amplísima cultura, ha sido un maestro no solo para muchas generaciones de estudiosos, sino también en múltiples campos del saber: no solo en la teoría y en la filosofía del Derecho, sino también en filosofía política y en la filosofía teorética, en los estudios de lógica y de epistemología, en la historiografía y en la sociología. Pero la diferencia

---

12. I. Berlin, *The Hedgehog and the Fox. An Essay on Tolstoy's View of History*, Weidenfeld and Nicolson, Londres, 1953.
13. Cit. en nota 6.

mayor es, sin duda, la segunda de las que señalas: el nexo interno, que a mi parecer no puede no existir y que Bobbio, sin embargo, ha negado siempre, entre la aproximación teórica al Derecho y el papel crítico y políticamente comprometido de la ciencia jurídica. Se trata de una divergencia bastante relevante, a la que he aludido ya, y que se explica a partir de nuestras distintas concepciones del Derecho, de la democracia, del positivismo jurídico y, por consiguiente, de la teoría y la ciencia del Derecho.

Como teórico del Derecho Bobbio fue un kelseniano de estricta observancia. Al igual que Kelsen, Bobbio sostuvo siempre una concepción puramente formal de la validez de las normas jurídicas, identificada por él con su existencia, dependiente a su vez de requisitos únicamente formales —relativos al «quién» y al «cómo» (pero no al «qué»)— de su producción. Se sigue de ello una concepción asimismo formal y procedimental de la democracia, que Bobbio veía como basada en las «reglas del juego» —la representación popular y el principio de mayoría— que disciplinan asimismo las formas, es decir, el «quién» y el «cómo», pero no el «qué» de las decisiones. Y también se sigue de ello una concepción estrictamente avalorativa de la teoría y de la ciencia jurídica: si la validez de las normas equivale a su simple existencia, la aproximación «científica» al Derecho debe consistir, para Bobbio, en ocuparse solamente del «Derecho como es» y no también del «Derecho como debe ser», y en abstenerse «de toda toma de posición» crítica: en resumen, en la rigurosa «neutralidad» ético-política, es decir, en la *Wertfreiheit* weberiana. Este es el positivismo jurídico de Bobbio, identificado por él con la avaloratividad de la ciencia jurídica, concebida a su vez como un corolario de su concepción de la validez de las normas como existencia o pertenencia al ordenamiento estudiado: «positivista», escribe, «es quien asume frente al Derecho un enfoque avalorativo, u objetivo, o éticamente neutral»[14]. En este aspecto, los herederos más fieles de Bobbio son hoy, sin duda, los filósofos del Derecho genoveses, como Riccardo Guastini y Paolo Comanducci. Ciertamente, para Bobbio, como para Kelsen y aun antes para Bentham, el Derecho puede y debe ser criticado. Pero

---

14. N. Bobbio, «Aspetti del positivismo giuridico» [1961], en Íd., *Giusnaturalismo e positivismo giuridico* [1965], Laterza, Roma-Bari, 2011, prólogo de L. Ferrajoli, cap. V, § 3, p. 89.

solo puede ser criticado desde el exterior, desde el punto de vista moral o político; mientras que desde el punto de vista interno de la ciencia jurídica puede únicamente ser «descrito», aun si con los márgenes de opinabilidad ligados a la interpretación del lenguaje jurídico.

Pues bien, he estado convencido siempre de que esta concepción del Derecho, de la democracia, de la ciencia jurídica y también de la teoría política es fruto de una singular incomprensión del cambio de paradigma del Derecho que ha tenido lugar con la introducción, el siglo pasado, de constituciones rígidas supraordenadas a la completa producción nomodinámica del Derecho. La tesis teórico-jurídica y la tesis teórico-política vinculada a ella del carácter únicamente formal de la validez de las normas y de la democracia, así como la consiguiente tesis metateórica de la avaloratividad de la ciencia jurídica, son indiscutibles si se refieren al viejo Estado legislativo de Derecho, en el que la ley es la fuente suprema del ordenamiento, la voluntad del legislador es omnipotente, la validez de las leyes depende solo de su forma, es decir, del «quién» y del «cómo» de su producción, la democracia se genera por la democratización de tales formas por medio de las reglas del sufragio universal y del principio de mayoría y la ciencia jurídica es —y debe ser— puramente recognoscitiva del sentido de las normas, válidas simplemente porque son producidas con tales formas y por eso existentes de hecho. Pero estas mismas tesis, a mi parecer, han llegado a ser insostenibles en presencia de los límites y de los vínculos sustanciales y no solo procedimentales —relativos a la sustancia (al «qué») y no solo a las formas (al «quién» y al «cómo») de las decisiones— que se han introducido por obra de las constituciones rígidas de la segunda posguerra.

Estas constituciones —la italiana, la alemana, y más tarde la española, la portuguesa y, por último, las de muchos países latinoamericanos, promulgadas o reformadas, no por casualidad, todas ellas tras la caída de regímenes fascistas o dictatoriales— han cambiado simultáneamente, gracias a la rigidez que les confiere la previsión de procedimientos especiales de revisión y el control de constitucionalidad, las condiciones de validez de las leyes, la naturaleza de la democracia y el papel de la ciencia jurídica. Han cambiado ante todo la noción misma de «validez» de las leyes, vinculada por estas constituciones no solo a requisitos formales, es decir, a la conformidad de sus formas con las normas procedimentales sobre su formación, sino también a requisitos sustanciales, es decir, a la coherencia de sus significados o contenidos con las normas constitucionales supraordenadas a ellas. Se deriva de ello, a causa del nuevo y distinto isomorfismo entre Derecho y sistema político, también una dimensión sustancial de la democracia, dado que la constitucionalización de los derechos fundamentales equivale a la imposición de límites y vínculos sustanciales a los poderes políticos de las mayorías: límites generados por los *derechos de libertad*, que ninguna mayoría puede violar válidamente; vínculos generados por los *derechos sociales*, que cualquier mayoría tiene la obligación de satisfacer. Se sigue de ello, asimismo, la insostenibilidad del carácter avalorativo y puramente recognoscitivo de la ciencia jurídica. Con la positivización en las constituciones del «deber no ser» y del «deber ser» jurídico de los contenidos de las leyes, se ha estipulado, en la forma de derechos fundamentales negativos y positivos, lo que he llamado la *esfera de lo indecidible*: lo que ninguna mayoría puede decidir y lo que ninguna mayoría no puede no decidir. Se ha creado, por ello, el espacio del *Derecho ilegítimo*: expresión, esta, inconcebible en el viejo Estado legislativo de Derecho, hasta el punto de que Kelsen la rechazó como una «inadmisible contradicción en los términos» destinada a minar «la unidad del sistema»[15]. La ciencia jurídica ha resultado, en consecuencia, investida de la tarea, al mismo tiempo científica y política, no ya solo de describir el sistema jurídico, sino también de valorar su virtual ilegitimidad: por un lado la invalidez sustancial de normas formalmente existentes o vigentes; por otro, el incumplimiento de promesas constitucionales no actuadas, a fin de promover la superación de una y otro por vía jurisdiccional o legislativa.

Es en esta distinta concepción metateórica de la teoría del Derecho y de la ciencia jurídica —derivada de la distinta concepción teórica de la validez y de la democracia y al escaso espacio que en ella se asocia a la Constitución— en lo que consiste mi princi-

---

15. H. Kelsen, *Reine Rechtslehre* [1960], trad. it. de M. Losano: *La dottrina pura del diritto*, Einaudi, Turín, 1966, cap. V, § 35, *j*, p. 298. [Trad. esp. de R. J. Vernengo: *Teoría pura del Derecho*, UNAM, México, ⁵1986, p. 274; véase asimismo la reciente edición española de la primera edición de la obra (1934), trad. de G. Robles y F. F. Sánchez: *Teoría pura del Derecho*, Trotta, Madrid, 2011].

pal disenso respecto de Bobbio y, aun antes, de Kelsen. Frente al cambio estructural del propio objeto de investigación producido por el constitucionalismo rígido, el jurista no puede limitarse, a mi parecer, a tomar nota del Derecho vigente. Debe también tomar «posición» contra su posible ilegitimidad. Es precisamente el enfoque científico e iuspositivista del Derecho el que nos impone poner de relieve las divergencias entre el deber ser jurídico (constitucional) del Derecho y su ser (legislativo): no ignorar ni ocultar, sino, por el contrario, advertir y denunciar las antinomias y las lagunas estructurales —las normas indebidamente existentes o indebidamente ausentes, en contraste en ambos casos con las normas constitucionales— inevitablemente presentes en el Derecho positivo vigente. De aquí el papel crítico y proyectivo de la ciencia jurídica vinculado a la normatividad del Derecho en relación con su propia producción: el papel crítico frente a las antinomias, es decir, frente a las normas inválidas, de las que no puede no registrar su anulabilidad jurisdiccional, y el papel proyectivo frente a las lagunas, es decir, frente a la ausencia de normas de actuación de los preceptos constitucionales, de las que no puede no advertir la obligatoriedad de su introducción legislativa. De aquí el papel político del jurista, no ya externo sino interno a su propio trabajo tanto teórico como práctico, y el consiguiente compromiso, no solo civil sino también científico, que le viene impuesto por la aproximación positivista al Derecho vigente.

DOS MODELOS DE TEORÍA DEL DERECHO Y DE CONSTITUCIONALISMO

J.R.M.: Para explicar la ausencia de nexo interno, en la obra de Bobbio, entre teoría del Derecho y compromiso político, aludes a dos rasgos centrales de esa obra, ambos provenientes de Kelsen: una concepción de la ciencia jurídica y de la teoría del Derecho como discursos avalorativos (o valorativamente neutrales) y una concepción exclusivamente formal (o procedimental) de la validez de las normas jurídicas y, especialmente, de las leyes. A tu juicio, si te he entendido bien, hay un vínculo entre ambos rasgos: la concepción puramente formal de la validez determina la concepción de la ciencia jurídica como valorativamente neutral. No quiero discutir sobre este vínculo porque, como diría un escolástico, niego la mayor. Quiero decir lo siguiente: me parece indiscutible, desde luego, que tanto en Kelsen como en Bobbio hay una concepción puramente descriptivista y avalorativa de la ciencia y la teoría del Derecho, pero no creo, sin embargo, que pueda atribuirse a Kelsen (ni, derivadamente, tampoco a Bobbio) una concepción exclusivamente procedimental de la validez de las normas jurídicas y, especialmente, de la constitucionalidad de las leyes. Citaré, en apoyo de esta afirmación, un pasaje particularmente claro del famoso artículo de Kelsen sobre «La garantía jurisdiccional de la Constitución (la justicia constitucional)»[1]. Dice Kelsen lo siguiente:

---

1. H. Kelsen, «La garantía jurisdiccional de la Constitución. La justicia constitucional» [1928], en Íd., *Escritos sobre la democracia y el socialismo*, selección y presentación de J. Ruiz Manero, Debate, Madrid, 1988, pp. 109 ss. [Trad. it.: «La garanzia

Proclamando la igualdad de los ciudadanos ante la ley, la libertad de opinión, la libertad de conciencia, la inviolabilidad de la propiedad, bajo la forma habitual de garantizar a los sujetos un derecho subjetivo a la igualdad, a la libertad, a la propiedad, etc., la Constitución dispone, en el fondo, que las leyes no solamente deberán ser elaboradas en la forma que ella prescribe, sino también que no podrán contener ninguna disposición que atente contra la igualdad, la libertad, la propiedad, etc. La Constitución no es entonces únicamente una regla procedimental sino también una regla sustantiva; y, por consiguiente, una ley puede ser inconstitucional bien por razón de una irregularidad de procedimiento en su elaboración, bien por razón de un contenido contrario a los principios o directivas formulados en la Constitución[2].

Es cierto, desde luego, que Kelsen no puede admitir como significativas expresiones como «Derecho contrario al Derecho» o «Derecho inválido» y que, para poder dar cuenta de las normas que nos aparecen como irregulares (tales como leyes inconstitucionales, o sentencias contrarias a la ley) elabora la doctrina de la cláusula alternativa tácita. Esta «cláusula alternativa tácita», al autorizar a los órganos de producción normativa a hacer caso omiso del contenido expreso de las normas superiores determinantes de dicha producción, convierte en tautológicamente regular cualquier contenido normativo posible. Pero tal doctrina de la cláusula alternativa tácita, por un lado, se aplica por igual al dictado de leyes que al de sentencias. Quiero decir que no hay en Kelsen, a diferencia de los que tú sueles llamar «paleopositivistas», ninguna consideración privilegiada del legislador como «señor del Derecho»: para Kelsen, la relación entre Constitución y ley no es cualitativamente distinta —y esto ha sido criticado por muchos autores, a mi juicio con razón— de la relación entre ley y sentencia. Por otro lado, la doctrina de la cláusula alternativa tácita es el expediente que Kelsen idea para dar salida a la situación dilemática a la que le conducen ciertas insuficiencias de los instrumentos conceptuales presentes en su teoría: a mi modo de ver, básicamente, la falta de distinción entre normas constitutivas y normas regulativas, y la asimilación entre validez, existencia y obligatoriedad.

giurisdizionale della costituzione (la giustizia costituzionale)», en H. Kelsen, *La giustizia costituzionale*, ed. de C. Geraci, Giuffrè, Milán, 1981].

2. *Ibid.*, pp. 115-116 [trad. it., pp. 153-154].

Pero me parece evidente que la teoría kelseniana resulta claramente beneficiada si se le amputa la doctrina de la cláusula alternativa tácita, que constituye una mera anomalía eliminable a condición de enriquecer algo el aparato conceptual kelseniano. Y, a mi juicio, la doctrina de la cláusula alternativa tácita es la única base que ofrece Kelsen para adscribirle una teoría exclusivamente procedimental de la validez.

Por lo que hace a Bobbio, señalaré tan solo que, siendo, como fue, muy estrictamente kelseniano, nunca se adhirió —que yo sepa— a esta doctrina de la cláusula tácita. Y también que distinguió expresamente —tú mismo lo recuerdas en *Diritto e ragione*[3]— entre «validez formal» y «validez material» y que, en su muy conocido artículo sobre las antinomias[4], admitió, obviamente, la posibilidad de antinomias entre normas de grado jerárquicamente diferente. Y si tales antinomias son posibles es que las normas superiores determinantes de la producción normativa inferior no son, claramente, normas puramente procedimentales.

De forma que te preguntaría: *a*) ¿Hay, a tu juicio, en Kelsen un fundamento distinto de la doctrina de la cláusula alternativa tácita para atribuirle una concepción exclusivamente procedimental de la validez de las normas jurídicas y, especialmente, de la constitucionalidad de las leyes?; *b*) ¿no te parece que la teoría kelseniana resulta preferible si se elimina de ella la doctrina de la cláusula tácita?; *c*) ¿qué base hay, a tu juicio, en Bobbio para atribuirle también una concepción puramente formal de la validez?

L.F.: Estamos hablando de la que siempre me ha parecido una de las tesis más insostenibles de Kelsen: su noción de validez, que he criticado desde el ensayo de 1981 «La semantica della teoria del diritto»[5], después en el § 26 de *Diritto e ragione*[6]

---

3. L. Ferrajoli, *Diritto e ragione*, cit., p. 355 [trad. esp., p. 361].
4. N. Bobbio, «Sui criteri per risolvere le antinomie», en *Studi per una teoria generale del diritto*, cit. [Hay trad. esp. de este artículo en N. Bobbio, *Contribución a la teoría del Derecho*, ed. de A. Ruiz Miguel, Fernando Torres, Valencia, 1980].
5. L. Ferrajoli, «La semantica della teoria del diritto», en U. Scarpelli (ed.), *La teoria generale del diritto. Problemi e tendenze attuali. Studi dedicati a Norberto Bobbio*, Comunità, Milán, 1983.
6. L. Ferrajoli, *Diritto e ragione*, cit.

y, más sistemáticamente, en el capítulo IX de *Principia iuris*[7]. Mi convicción de que esa noción es exclusivamente formal se basa no ya en la tesis de la «cláusula alternativa tácita», que es solo un sofisma que le sirve a Kelsen para ocultar las aporías generadas por esa noción y cuya eliminación tendría el único efecto de dejarlas al descubierto. Se basa, por el contrario, en la inadecuación explicativa de la teoría kelseniana de la validez: una inadecuación que emerge de forma vistosa con referencia a las leyes inconstitucionales, pero que afecta también a las sentencias, las resoluciones administrativas, los negocios jurídicos privados y en general a todos los actos jurídicos lingüísticos y preceptivos que en *Principia iuris*, I, capítulo IX, he llamado «actos formales».

Esta inadecuación consiste en una concepción de la validez a mi parecer excesivamente simplificada: «La existencia de una norma jurídica», escribe Kelsen, «constituye su validez»[8]; «por 'validez' entendemos la existencia específica de las normas»[9]. Y por existencia de la norma o pertenencia de la norma a un ordenamiento dado, añade, debe entenderse su «conformidad con lo prescrito por otra norma del mismo ordenamiento», hasta arribar a la «norma fundamental presupuesta»[10]. Es claro que Kelsen —tanto más en un pasaje como el citado por ti sobre la inconstitucionalidad de las leyes, que se da casi siempre «por razones de contenido»— admite que esta conformidad puede concernir también al contenido de las normas. Pero no es esto lo que cuenta a los fines de nuestra discusión. Lo que cuenta es que Kelsen identifica con la simple existencia tanto lo que llamamos validez sustancial como lo que llamamos la invalidez sustancial de las normas. En el mismo ensayo al que has hecho referencia sostiene, en efecto, la extraña tesis de que la ley inconstitucional es plenamente «válida» y de que «la anulación de una norma general» consiste en «privarle de validez» incluso con «efecto

---

7. L. Ferrajoli, *Principia iuris*, cit.
8. H. Kelsen, *General Theory of Law and State* [1945], trad. it. de S. Cotta y G. Treves: *Teoria generale del diritto e dello Stato* [1945], Comunità, Milán, 1959, parte I, cap. I, D, *c*, p. 48. [Trad. esp. de E. García Maynez: *Teoría general del Derecho y del Estado*, UNAM, México, ²1979 (2.ª reimp.), p. 56].
9. *Ibid.*, C, *a*, p. 30 [trad. esp., p. 35].
10. *Ibid.*, cap. XI, B, *g*, p. 134 [trad. esp., p. 156] y *passim*.

retroactivo»[11]; tal anulación tendría, afirma[12], «la misma naturaleza de una ley derogatoria».

Pero entonces, si la sustancia, o sea, el contenido de la norma es irrelevante a los fines del juicio de validez, ¿en qué consiste la existencia-validez de la norma? Consiste, evidentemente, en la existencia empírica y en la regularidad formal del acto normativo, que Kelsen, a causa de su concepción simplificada no solo de la validez sino del entero fenómeno normativo, no distingue habitualmente de la norma, concebida por él, de acuerdo con John Austin, como «mandato»[13]. La falta de distinción entre el acto normativo y la norma que es el efecto y el significado (o, si se prefiere, la sustancia y el contenido) de aquel, impide, en efecto, a Kelsen articular y descomponer la noción de «existencia» de la norma sobre la base de sus diversas referencias empíricas: le impide distinguir, precisamente, entre su *vigencia* o mera *existencia*, que depende de la *forma* del acto normativo que lo hace recognoscible como perteneciente al ordenamiento, y su *validez* o *invalidez sustancial*, que dependen, por el contrario, del *significado* —la primera de su coherencia y la segunda de su incoherencia con normas sustantivas supraordenadas— de la norma producida por medio del acto (a lo que deberíamos añadir, pero no quiero complicar el discurso aquí, la *validez formal* y la *invalidez formal*, que dependen, la primera de la validez de *todas* las formas del acto normativo predispuestas por las normas sobre su producción, y la segunda de la validez no de todas, sino *al menos de aquellas* que lo hacen recognoscible como tal).

Es en esta concepción simplificada de la validez como existencia, tenazmente defendida por Kelsen, en lo que consiste inevitablemente el carácter formal de su noción de validez de las normas. Al no distinguir entre existencia y validez, Kelsen no está en condiciones de ver la existencia de una norma inválida por razones de

---

11. H. Kelsen, «La garanzia giurisdizionale della Costituzione», trad. it. cit., pp. 165-167 [trad. esp., p. 122].
12. En «Judicial Review of Legislation. A Comparative Study of the Austrian and the American Constitution» [1942]; trad. it.: «Il controllo di costituzionalità delle leggi. Studio comparato delle costituzioni austriaca e americana», en *La giustizia*, cit., p. 300.
13. *Teoria generale del diritto e dello Stato*, cit., C, a, nn. 1 y 2, pp. 30 y 32 [trad. esp., pp. 36 y 37] y *passim*.

contenido, ni de concebir, más en general, la invalidez de una norma, rechazada por él como una «contradicción en los términos»[14]. Una norma, a su parecer, o es válida o es inexistente: *tertium non datur*. Pero precisamente a causa de este rechazo de la idea misma de «norma inválida», la supuesta «contradicción en los términos» se resuelve por parte de Kelsen calificando contradictoriamente las leyes inconstitucionales, y más en general las normas en conflicto con normas sobre su producción, bien como existentes y por ello válidas, bien como inexistentes porque no válidas. Por ejemplo, la tesis de la validez se encuentra sostenida, además de en el pasaje citado antes sobre la justicia constitucional, en la *Teoría pura del Derecho*: «La ley 'inconstitucional' es una ley válida hasta el momento de su anulación individual (es decir, limitada a un caso concreto) o general. No es nula, sino solamente anulable»[15]; «también las leyes no conformes» a disposiciones constitucionales «deben considerarse válidas en la medida y hasta el momento en que no sean anuladas en el modo prescrito por la constitución. Las llamadas 'leyes inconstitucionales' son leyes constitucionales, pero anulables mediante un procedimiento especial»[16]. Pero Kelsen sostiene también, algunas páginas antes de este último pasaje, la tesis opuesta de la inexistencia: «una norma jurídica en cuyo respecto pudiera afirmarse que no corresponde a la norma que determina su producción, no podría ser vista como norma jurídica válida, por ser nula, lo que significa que, en general, no constituye norma jurídica alguna»[17]; «de una ley no válida no puede decirse que sea inconstitucional, porque una ley no válida no es una ley en absoluto, pues jurídicamente no existe y, por tanto, no es posible ningún enunciado jurídico a su respecto»[18].

¿Cómo se resuelven, si se resuelven, estas contradicciones? Kelsen piensa resolverlas, como recuerdas tú justamente, con la llamada «cláusula alternativa tácita», es decir, con la tesis de que «la constitución autoriza al legislador a producir normas jurídicas generales también con un procedimiento distinto del determinado

---

14. *Ibid.*, parte I, cap. XI, H, *b*, p. 158 [trad. esp., p. 185]; *La dottrina pura* [1960], cit., V, § 35, *l*, p. 298 [trad. esp., p. 274].
15. *Ibid.*, cap. IV, § 29, *f*, p. 165 [trad. esp., p. 154].
16. *Ibid.*, cap. V, § 35, *j*, p. 305 [trad. esp., p. 280].
17. *Ibid.*, *j*, α, p. 298 [trad. esp., p. 274].
18. *Ibid.*, *j*, ß, p. 302 [trad. esp., p. 277].

directamente por las normas de la constitución y también a dar a estas normas un contenido distinto del determinado directamente por las normas de la constitución»[19]. De acuerdo con Kelsen, en otras palabras, la constitución autorizaría, además de formas o contenidos conformes a lo que en ella está «determinado», también formas o contenidos «distintos», es decir, no conformes, destinados a la anulación. Pero esto es un absurdo: ¿qué sentido tiene decir que una norma autoriza su violación? Semejante tesis no tiene más sentido que aquella otra según la cual la norma sobre el homicidio autoriza el homicidio destinado a la sanción. Es una tesis incomparablemente más absurda que la que admite la existencia del «Derecho antijurídico» o «ilegítimo». Que es precisamente la novedad que se ha introducido, por lo que respecta a las leyes, por el constitucionalismo rígido y que precisamente Kelsen, que sin embargo tuvo el grandísimo mérito de haber teorizado la estructura en grados del ordenamiento jurídico y el control jurisdiccional de constitucionalidad, rechaza con firmeza por una especie de preocupación metafísica: porque, dice, de ello resultaría «anulada la unidad del sistema de normas, que encuentra expresión en el concepto de ordenamiento jurídico»[20]. Pero las normas, como nos ha enseñado el mismo Kelsen, son figuras deónticas, cuyo sentido es un «deber ser», que, de hecho, puede ser tanto observado como violado. Y cuando la violación se manifiesta en el conflicto de la forma o del contenido de una norma con las normas que regulan su producción tenemos, simplemente, una norma formalmente inválida en el primer caso y sustancialmente inválida en el segundo. Precisamente la insensatez de la llamada «cláusula alternativa tácita» es, a fin de cuentas, la mejor confirmación de que las aporías kelsenianas permanecen irresueltas. Como tú mismo has escrito, tal cláusula —inventada por Kelsen para «dar cuenta de los actos normativos irregulares» de forma compatible con su «concepción de las normas que confieren poderes como normas permisivas»— desemboca «en una suerte de disolución del Derecho como sistema normativo que regula su propia creación»[21].

---

19. *Ibid.*, p. 304 [trad. esp., p. 279].
20. *Ibid.*, p. 298 [trad. esp., p. 274].
21. M. Atienza y J. Ruiz Manero, *Las piezas del Derecho*, Ariel, Barcelona, 1996, cap. II, § 2.1, p. 52.

Estas aporías y contradicciones son, en realidad, insolubles. La teoría kelseniana de la validez no nos dice, como es lícito esperar de una teoría consistente, en qué casos una ley inconstitucional es válida y por tanto existente y en qué casos es no válida y por tanto inexistente. No nos lo dice porque no nos lo puede decir. Lo único cierto es que, en ambos casos, la identificación de la validez con la existencia impide a Kelsen ver (o, mejor, deberíamos quizás decir, le permite ignorar) la vertiente sustancial de la invalidez de las normas. Pero entonces debemos reconocer que las contradicciones no se deben a ninguna ambigüedad o incoherencia de Kelsen, sino a la inconsistencia de su noción de validez como existencia, noción que admite, en presencia de una norma viciada en cuanto al contenido, tanto la tesis de su validez como la tesis de su inexistencia: es decir, dos tesis que, en el léxico kelseniano en el que validez equivale a existencia, son claramente contradictorias. No solo, puesto que, además de contradictorias entre sí, estas dos tesis son ambas falsas. Los vicios sustanciales, en efecto, no entrañan ni la validez ni la inexistencia, sino la *existencia de una norma inválida*, esto es, precisamente la figura rechazada por Kelsen como contradicción en los términos.

Un discurso análogo puede desarrollarse a propósito de Bobbio. Ciertamente Bobbio, en el pasaje recordado por ti[22], habla de «validez material» además de hacerlo de «validez formal». Pero también él, como gran parte de la escolástica kelseniana, comparte la tesis de Kelsen de identificación de la validez de las normas con su existencia, o bien con su pertenencia al sistema normativo del que se habla[23]. Es una confirmación de ello el hecho de que

---

22. «Sul ragionamento dei giuristi» [1955], reimpreso en *L'analisi del ragionamento giuridico. Materiali ad uso degli studenti*, ed. de P. Comanducci y R. Guastini, Giappichelli, Turín, 1989, vol. II, § 5, pp. 167-169.

23. N. Bobbio, *Il positivismo giuridico* [1960], Giappichelli, Turín, 1966, § 33, p. 135: «La *validez* de una norma jurídica indica la calidad de tal norma, por la cual la misma existe en la esfera del Derecho o, en otros términos, existe como norma jurídica: decir que una norma jurídica es *válida* significa decir que forma parte de un ordenamiento jurídico real, efectivamente existente en una sociedad dada»; Íd., *Teoria della norma giuridica*, Giappichelli, Turín, 1958, p. 37: «Validez jurídica de una norma equivale a existencia de esa norma en cuanto regla jurídica»; Íd., *Teoria dell'ordinamento giuridico*, Giappichelli, Turín, 1960, § 6, pp. 54-55: «La pertenencia de una norma a un ordenamiento es lo que se llama *validez*... Una norma existe como norma jurídica, o es jurídicamente válida, en cuanto pertenece a un ordenamiento jurídico».

ni siquiera en el texto recordado por ti, habla Bobbio de «invalidez material» (o «sustancial»), ni tanto menos de invalidez constitucional de las leyes; y que también en ese texto el juicio de validez material sobre las normas no es entendido por Bobbio como juicio crítico o valorativo sino contrapuesto, como juicio asertivo, a los juicios de valor en términos de justicia: «cuando la investigación se dirige a los juicios de validez material (es la investigación con mucho más común), el jurista hace prevalentemente trabajo de lógico, desembocando su demostración en el establecimiento de ciertas premisas de las que deben necesariamente derivarse ciertas conclusiones. En ninguno de los dos momentos» —ni en el de la investigación de la validez formal, ni en el de la investigación de la validez material, añade Bobbio—, el discurso del jurista «está formado por términos de valor, con los que se aprueba y se condena, y condenando y aprobando se trata de inducir a otros a actuar en un sentido más bien que en otro»[24]. De aquí la bien conocida caracterización bobbiana del positivismo jurídico, en oposición al iusnaturalismo, como aproximación al estudio del Derecho «como hecho» o «como es», que excluye con razón del universo de la ciencia el Derecho «como valor» o «como debe ser» moral y políticamente[25], pero que ignora indebidamente el Derecho «como debe ser» *jurídica* y *constitucionalmente*, que forma parte también del «Derecho como es».

En suma, tanto Kelsen como Bobbio comparten una concepción simplificada y unidimensional de la validez como «ser», en vez de como «deber ser jurídico» del Derecho, no distinta de la existencia; con la consecuencia de que se cierran el camino —como Bentham y Austin, que, sin embargo, escribían con referencia al Estado legislativo de Derecho, en el que, en efecto, validez y existencia de las leyes se identificaban, dependiendo una y otra únicamente de la forma del acto normativo— hacia la crítica jurídica de las leyes inválidas, a añadir a la crítica ético-política de las leyes injustas. Como también has dicho tú, ellos no admiten, por considerarla una contradicción en los términos, la existencia del Derecho inválido o ilegítimo que, a mi parecer, constituye el objeto de la crítica *jurídica* (además de *científica*, en el sentido de que es

---

24. «Sul ragionamento...», cit., pp. 168-169.
25. *Giusnaturalismo e positivismo giuridico*, cit., cap. V, § 3, p. 88.

competencia de la ciencia jurídica) del Derecho de las democracias constitucionales de hoy.

Tanto Kelsen como Bobbio, en otras palabras, ignoran la divergencia deóntica, *interna* al Derecho positivo, entre normas sobre la producción y normas producidas, y, consiguientemente, la disociación entre existencia y validez sustancial, generada por el constitucionalismo rígido, a añadir a la disociación entre justicia y existencia generada por el primer positivismo jurídico del Estado legislativo de Derecho. Lo que a ambos les importa poner en evidencia, en su justa polémica con el iusnaturalismo, es solo la disociación y la divergencia deóntica *externa* entre justicia y validez, entre el deber ser ético-político y el ser positivo del Derecho, entre Derecho como «valor» y Derecho como «hecho». Y quizás es precisamente su insistencia sobre esta fundamental divergencia externa lo que les ha llevado a ignorar la divergencia, jurídica o interna, entre validez y existencia. De ahí su tesis de la avaloratividad de la ciencia jurídica, defendida por ellos aun con mayor firmeza que la tesis paleo-iuspositivista de la equivalencia entre validez y existencia, tanto que cabe suponer que fue esta última la que estuvo condicionada por la primera más que viceversa.

Por lo que respecta a Kelsen, es precisamente el carácter absurdo de su cláusula alternativa tácita lo que suscita una duda similar: con tal de no decir que una norma en conflicto con las normas sobre su producción es ilegítima, que la misma entraña una violación jurídica y que, por ello, corresponde a la ciencia del Derecho la tarea de criticarla como inválida y de solicitar su remoción —en breve, con tal de no abandonar la tesis del carácter descriptivo y avalorativo de la ciencia jurídica—, Kelsen llega a sostener, como en el pasaje ya recordado, que «la constitución autoriza al legislador a producir normas jurídicas generales» en conflicto con ella misma.

Un discurso en parte distinto vale para Bobbio. Bobbio ha sostenido y defendido con razón el valor epistemológico de la avaloratividad de la ciencia respecto de la realidad investigada. Pero identifica tal avaloratividad con la abstención de toda toma de posición respecto a esa realidad: «la característica de la orientación científica», escribe, consiste en «la objetividad, entendida precisamente como abstención de toda toma de posición frente a la realidad observada, o neutralidad ética, o, por decirlo con la célebre fórmula weberiana, *Wertfreiheit*»[26]. Se entiende que esta «abstención de toda toma de posición frente a la realidad observada» exige la concepción simplificada y unidimensional de la realidad del Derecho que resulta de la identificación kelseniana de la validez de las normas con su existencia. Pero no es esta la realidad del Derecho, por lo menos en las democracias constitucionales de hoy. De esta realidad forman parte, en efecto, los desniveles normativos y las posibles contradicciones entre normas sobre la producción y normas producidas, y en particular entre constitución y leyes ordinarias. De forma que es precisamente la objetividad de la ciencia jurídica respecto a la compleja «realidad observada» la que no permite, desde el punto de vista del Derecho y no, ciertamente, de la ética, la «abstención de toda toma de posición» crítica. Esa misma objetividad impone, por el contrario, la crítica *jurídica* y *científica* (en el sentido de que se trata de una tarea a la que la ciencia jurídica no puede sustraerse) del Derecho inválido o ilegítimo.

Por esto, podemos decir con razón que para Kelsen y para Bobbio el nexo entre su teoría del Derecho y su ejemplar compromiso político no es, por usar tus palabras, «interno», sino externo a su elaboración teórico-jurídica: porque de esa elaboración está excluido, metodológica y pragmáticamente, ese nexo, como está excluido el juicio jurídico, más y antes que político, de invalidez sobre normas existentes. Por el contrario, si se reconoce, como no me canso de repetir, la disociación entre existencia y validez de las normas y, como consecuencia de ello, la posible existencia de Derecho ilegítimo —evidente y políticamente relevante, más que nunca, en las democracias constitucionales de hoy— al compromiso político externo debe añadirse, en la crítica y en la proyección del Derecho positivo, el compromiso que le viene impuesto al jurista desde el interior de su propio objeto de investigación.

J.R.M.: Creo que, por lo que hace a Kelsen, estamos de acuerdo en la valoración que a ambos nos merecen sus puntos de llegada y, en particular, en el carácter claramente disolutorio, si no directamente absurdo, de la doctrina de la cláusula alternativa tácita. Pero me parece que hay al menos un punto en el que yo discreparía de ti en cuanto a la interpretación de Kelsen. Tú sostienes

---

26. *Ibid.*, cit., pp. 88-89.

que hay en Kelsen una concepción puramente formal o procedimental de la validez; o, dicho de otro modo, en Kelsen habría, de acuerdo con tu reconstrucción, un tratamiento netamente diferente de los requisitos procedimentales de la validez frente a sus requisitos sustantivos: para Kelsen lo único que importaría para la validez de una norma serían condiciones relativas al procedimiento; si tales condiciones se reúnen, la norma sería válida con independencia de que su contenido sea o no compatible con el de normas jerárquicamente superiores. Pero, en mi opinión, no hay en Kelsen tal diferencia de tratamiento de los requisitos procedimentales frente a los sustantivos: pues la doctrina de la cláusula alternativa tácita se extiende también a las normas que establecen requisitos procedimentales. Como muestra uno de los pasajes de la *Teoría pura del Derecho* que tú acabas de citar, la Constitución, de acuerdo con Kelsen, autorizaría al legislador no solo a dictar normas cuyo contenido sea incompatible con el de normas de la propia Constitución, sino también a hacerlo por un procedimiento distinto al determinado por las normas constitucionales. Esta idea de normas que autorizan su propia violación no tiene, desde luego, como tú bien dices, ningún sentido. Pero las normas que autorizan su propia violación no son solo, de acuerdo con Kelsen, las que imponen requisitos sustantivos para la ulterior e inferior producción normativa, sino también las que estipulan el procedimiento a seguir para tal producción. De esta forma, la doctrina de la cláusula alternativa tácita no solo involucra la disolución del Derecho como sistema normativo que regula su propia creación, sino que también apunta, al menos tendencialmente, a mi juicio, en dirección a la disolución del Derecho como sistema de autoridades.

En todo caso, más que seguir ocupándonos de estos asuntos kelsenianos, yo quisiera que empezáramos a adentrarnos de forma directa en tu teoría del Derecho. Y en el punto al que nos ha conducido hasta ahora la conversación, quizás resulte adecuado que empecemos por tu tesis sobre la función normativa de la ciencia jurídica en los sistemas constitucionales. Debo empezar por manifestar que a mí esa tesis me suscita un cierto número de perplejidades. Por ello, si te parece bien, dedicaré las próximas preguntas a plantear algunas de ellas. Si la entiendo bien, lo esencial de tu tesis es lo siguiente: la ciencia jurídica debe poner de relieve y denunciar el desajuste entre las promesas contenidas en lo que llama los *principia iuris et in iure*, contenidos en los textos constitucionales, básicamente bajo la forma de derechos fundamentales, y su no realización efectiva en nuestros sistemas jurídicos: no realización que puede deberse, bien a la violación de tales *principia* o derechos fundamentales por la presencia de normas infraconstitucionales en conflicto con ellos (serían los supuestos de antinomia), bien a la ausencia de normas infraconstitucionales necesarias para la realización de tales *principia* o derechos fundamentales (serían los supuestos de laguna). Pues bien: me centraré ahora en los supuestos de laguna, de ausencia de la norma infraconstitucional que, al señalar los titulares de las obligaciones y prohibiciones correlativas a un cierto derecho fundamental, resulta necesaria para la efectividad de este. A mi juicio, esta manera de ver las lagunas debe ponerse en relación con tu tesis sobre la equivalencia entre el lenguaje de las normas atributivas de derechos y el de las normas imperativas que establecen las obligaciones y prohibiciones a ellos correlativas. Y es que, en efecto, en tu construcción hay una correlación biunívoca entre el género al que pertenece la especie de los derechos, esto es, las *expectativas* positivas o negativas (figuras deónticas pasivas, porque se refieren a la conducta de un sujeto distinto de aquel al que se adscriben) y las *modalidades* (la facultad, la obligación y la prohibición) que son figuras deónticas activas, porque se refieren a la conducta del mismo sujeto al que se adscriben. Escribes así en *Principia iuris* que «al ser las expectativas positivas y las negativas de un sujeto respectivamente la otra cara de la obligación y de la prohibición imputadas a otro y viceversa, no se dan por consiguiente, en el plano teórico, expectativas sin obligaciones o prohibiciones correspondientes, ni tampoco obligaciones o prohibiciones sin las correspondientes expectativas»[27]. En consonancia con ello, los mismos contenidos normativos pueden formularse, bien en términos de obligaciones y prohibiciones (esto es, mediante el lenguaje de las normas imperativas), o bien en términos de expectativas positivas y negativas (esto es, mediante el lenguaje de las normas atributivas). Escoger uno u otro lenguaje sería, de acuerdo con tu concepción, estrictamente indiferente, porque tanto a través del lenguaje imperativo

---

27. PI I, § 3.4, p. 194 [trad. esp., pp. 185-186].

como a través del lenguaje atributivo podemos decir exactamente lo mismo. Escribes, en este sentido, que «en principio, entre una cosa y otra no hay diferencia alguna en el plano teórico: lo que es objeto de expectativa, en efecto, es debido a alguien o a todos; y lo que es debido es objeto de una expectativa de alguien o de todos frente a alguien o a todos»[28]. El lenguaje atributivo, con todo, presentaría una importante desventaja frente al lenguaje imperativo: y es que la adscripción de expectativas, sin adscribir las correspondientes obligaciones y prohibiciones genera lagunas, cosa que no parece ocurrir si la autoridad normativa se limita a adscribir obligaciones y prohibiciones. Las lagunas, indicas en la misma página, «se dan no tanto a falta de las expectativas, que son figuras deónticas pasivas, sino más bien de los imperativos, es decir, de las figuras activas de cuya obediencia depende la satisfacción de las primeras»[29]. Pues bien: si el lenguaje de las expectativas (y, dentro de él, el lenguaje de los derechos) es en todo equivalente al lenguaje de los imperativos, pero presenta la importante desventaja de ser potencialmente generador de lagunas, ¿por qué no recomendar a los constituyentes que lo que suele llamarse la *parte dogmática* de las constituciones esté redactada en términos de imperativos y no en términos de derechos fundamentales? Algunos teóricos responderían que es preferible que las constituciones estén redactadas en términos de derechos fundamentales, y no de los imperativos correspondientes, porque el lenguaje de los derechos se halla, por así decirlo, en un plano justificativo superior al de los imperativos: los enunciados en términos de derechos expresarían las *razones* que justifican la imposición de las correspondientes obligaciones y prohibiciones. Pero argumentar así me parece que claramente no cabe si se parte, como lo haces tú, de la equivalencia entre el lenguaje de los derechos y el lenguaje de las obligaciones y prohibiciones a ellos correlativas. Una pregunta paralela cabría hacer ya no en el terreno de las recomendaciones a los constituyentes, sino en el de la articulación de tu propia teoría del Derecho: en ella, a diferencia de otras teorías como, por ejemplo, la kelseniana, la noción de expectativa ocupa un lugar claramente más básico que la de imperativo, pero, teniendo en cuenta lo anterior, ¿por

---

28. PI I, p. 193 [trad. esp., pp. 184-185].
29. PI I, p. 193 [trad. esp., p. 185].

qué privilegiar en la teoría del Derecho la noción de expectativa frente a la de imperativo?

L.F.: Permíteme desarrollar, en apoyo de mi interpretación de Kelsen, alguna observación más. Es verdad, como dices tú, que la cláusula alternativa tácita se extiende también a las normas que establecen requisitos de forma; y que, por tanto, no hay diferencia, para Kelsen, entre vicios de forma y vicios sustanciales, dado que la invalidez formal es para él tan inconcebible como la invalidez sustancial. Pero precisamente este es el punto sobre el que tengo la impresión de que nuestras divergencias son más aparentes que reales. Yo no sostengo de ningún modo que Kelsen someta a «un tratamiento netamente diferente los requisitos procedimentales de la validez frente a sus requisitos sustantivos». Pienso, por el contrario, que tiene una concepción solo formal de la validez precisamente porque, al no distinguir entre *acto normativo* y *norma*, no distingue tampoco entre requisitos formales, que se refieren al primero, y requisitos sustanciales, que se refieren a la segunda. Es además evidente que la existencia de una norma no puede más que depender de requisitos de forma, que afectan al acto normativo, y no ciertamente a la norma que es su contenido, sustancia o significado. Por esto yo he afirmado también que para que un acto normativo —y como consecuencia la norma producida por él— y, más en general, un acto formal existan, es no solo necesario sino también suficiente que ese acto esté dotado de alguna forma que lo vuelva recognoscible como tal (T9.20)[30], ya que, en mi léxico, 'existencia' y 'vigencia' son términos equivalentes (T9.131-T9.139). En otras palabras, una norma es recognoscible como existente únicamente sobre la base de las formas extrínsecas del acto normativo, es decir, del «quién» y del «cómo» de su producción, establecidos por las normas de competencia y las normas de procedimiento, respectivamente, que he llamado «normas formales», y no ciertamente sobre la base del «qué» prescribe, es decir, de su significado, aun si este es coherente con las que he llamado «normas sustantivas» sobre su producción. En efecto, si una

---

30. Expresiones como T, D o P, seguidas de un número, aluden, respectivamente, a alguna de las 1.679 tesis, de las 274 definiciones o de los 16 postulados que integran *Principia iuris*.

norma, o mejor, su fuente, es válida formalmente o de cualquier modo existe porque está dotada de una cierta forma, se puede admitir —lo que Kelsen no admite— su invalidez sustancial, pero no ciertamente su inexistencia sustancial, pues no se puede negar la existencia empírica del acto formalmente válido por medio del cual se ha producido. A la inversa, si una norma no existe por defecto de forma, no se puede admitir que exista, sea cual sea su contenido. En suma, ni la existencia ni la inexistencia de una norma son concebibles por razones *únicamente* de contenido. Pero precisamente de aquí deriva la interpretación que sostengo del pensamiento de Kelsen: al no distinguir entre existencia y validez, Kelsen tiene una concepción puramente formal de la existencia y, además, también de la validez.

En la base de las aporías kelsenianas y de la escasa capacidad explicativa de su teoría hay, en suma, un defecto de análisis conceptual: el hecho de que Kelsen no distinga entre los diversos tipos y grados de conformidad de las normas con las normas sobre su producción y tampoco, en consecuencia, entre los diversos tipos y grados de vicios de las normas mismas, o, mejor, de los actos por medio de los cuales se han producido las normas. Precisamente, al no distinguir entre acto normativo y norma, no es capaz de distinguir los *tipos de vicios* en el plano *cualitativo*, es decir, entre vicios de forma del acto y vicios sustanciales del contenido (o significado) normativo. Por otro lado, al no distinguir entre existencia y validez, no puede tampoco distinguir los *grados de vicio* en el plano *cuantitativo*, es decir, entre vicios que determinan la inexistencia y vicios que determinan solo la invalidez.

En *Principia iuris*, gracias al uso de los cuantificadores de la lógica de predicados, he podido, por el contrario, distinguir, como he recordado antes, la *existencia* tanto de la *validez formal* y de la *invalidez formal* como de la *validez sustancial* y de la *invalidez sustancial*, predicables todas del acto normativo con referencia o a su *forma* o a su *significado*. Puede ser útil mostrar la distinta estructura de estas cinco categorías y el papel precioso que en la distinción entre ellas ha tenido la axiomatización —y en particular la cuantificación, existencial o universal, de las formas y de los significados— como instrumento esencial del análisis conceptual. He establecido, en las correspondientes definiciones, que por *existencia* (o *vigencia*) se exige que el acto normativo —y, más en general, cualquier acto formal— disponga de *al menos alguna* de las formas exigidas por las normas formales sobre su formación: al menos de aquellas formas que lo vuelven recognoscible como «acto formal», es decir, formulado en la lengua jurídica (D9.16, T9.142-T9.143), con la consecuencia de que, en su ausencia, hablaremos de *inexistencia* (o *no vigencia*) (T9.144-T9.145). Una sentencia que escribiésemos nosotros, por ejemplo con finalidades didácticas, no sería en absoluto una sentencia a causa de su total defecto de forma. Por el contrario, para la *validez formal* se exige la observancia de *todas* las formas previstas por las normas formales (D9.18, T9.150); de forma que hablaremos de *invalidez formal* si en el acto normativo se observan no todas, sino *al menos las formas* que lo vuelven recognoscible como jurídicamente existente (D9.20, T9.175-T9.176, T9.179). En cuanto a la *validez sustancial*, esta exige que el acto normativo tenga *al menos un significado* coherente con *todas* las normas sustantivas supraordenadas a él (D9.19, T9.151, T9.155); de forma que hablaremos de *invalidez sustancial* si *ningún* significado normativo asociable al acto por parte del intérprete es compatible con las normas sustantivas sobre su producción (D9.19, T9.177, T9.180). Hablaremos, en fin, de *validez* sin más si y solo si se da tanto la validez formal como la validez sustancial (T9.158), es decir, la conformidad de *todas las formas* y la coherencia de *al menos un significado* del acto normativo con las normas, formales y sustantivas, sobre su producción (D9.17), y de *invalidez* sin más en caso contrario (D9.20, T9.181), es decir, si de un acto vigente se da la invalidez formal y/o la invalidez sustancial (T9.183). Naturalmente, la teoría no puede decir cuáles y cuántas formas se exigen para la existencia de un acto formal, aun inválido, ni tanto menos qué vicios de forma y qué vicios sustanciales son sanables y cuáles son insanables. Todo esto depende del Derecho positivo de los diversos ordenamientos y es indagado por las correspondientes disciplinas jurídicas positivas. La teoría puede únicamente someter a cuantificación existencial las formas exigidas para la existencia o vigencia, a cuantificación universal las formas exigidas para la validez formal y a cuantificación existencial los significados coherentes con los de las normas sustantivas a su vez sometidas a cuantificación universal.

En cuanto a tu segunda pregunta, te agradezco que me la hayas hecho, porque me permite esclarecer un posible equívoco sobre una cuestión que considero absolutamente central. Es verdad que a las expectativas positivas y a las expectativas negativas corresponden, respectivamente, las obligaciones y las prohibiciones del mismo comportamiento, y viceversa (T2.60-T2.61), de forma que la estipulación de las primeras equivale a la estipulación de las segundas. Sin embargo, en presencia de las expectativas, las que llamo «lagunas» (y precisamente «lagunas estructurales», para distinguirlas de las lagunas que considero «aparentes», porque solubles mediante la analogía), no dependen ciertamente de la falta, lógicamente excluida por T2.60-T2.61, de las obligaciones o de las prohibiciones correspondientes. Dependen más bien de la falta de actuación de las unas o de las otras por obra de las adecuadas leyes de actuación. La eventual formulación constitucional de los derechos fundamentales en términos de los deberes correspondientes, en efecto, deja en pie la laguna, si a tales deberes no se les da actuación legislativa, exactamente de la misma forma que la formulación de los mismos derechos en términos de expectativas. En la Constitución italiana, por ejemplo, el artículo 32 formula el derecho a la salud tanto como «derecho fundamental del individuo» como en cuanto deber de la República: «La República protege la salud como derecho fundamental del individuo [...] y garantiza cuidados gratuitos a los indigentes», donde «garantiza» quiere decir, evidentemente, «debe garantizar». Es claro que esta «obligación de garantizar», equivalente al derecho a la salud, no equivale en absoluto a lo que he llamado la «garantía primaria» (D10.39) de tal derecho, es decir, a la obligación de asistencia sanitaria en concreto a cada enfermo, que sea titular del derecho a la salud, a cargo de médicos y hospitales. Para que exista tal obligación (o garantía primaria) es necesario que la misma sea introducida por una ley institutiva del servicio sanitario público y gratuito, o sea, por una ley de actuación de la referida «obligación de garantizar». Es en la no actuación de tal obligación, es decir, en la falta de su ley de actuación, en lo que consiste la laguna.

En *Principia iuris*[31] he llamado *garantía débil* a la obligación de garantizar, correlativa (y equivalente) a la expectativa expresada por el derecho fundamental, y *garantía fuerte* a la obligación de

---

31. PI I, pp. 556, 691, 694, 701, 722-723 [nota 59], 815, 917 y 918; PI II, pp. 80 y 96 [trad. esp., PI I, pp. 523, 651, 654, 659, 682-683 [nota 59], 769, 865, 866; PI II, pp. 78 y 93].

DOS MODELOS DE TEORÍA DEL DERECHO Y DE CONSTITUCIONALISMO

la prestación, sanitaria en nuestro ejemplo, introducida por la actuación obligatoria de la garantía débil: la primera obligación se le impone al legislador, y puede suceder que este no la actúe dando lugar, así, a una laguna; la segunda obligación compete a los aparatos institucionales, instituidos en actuación de la primera obligación, y a los funcionarios de los mismos. Quizás hubiera sido oportuno formular desde el primer volumen las definiciones formales de «garantía débil» y de «garantía fuerte» de los derechos fundamentales, y también de la noción de «derechos débiles», de la que he hablado en *Principia iuris*[32], para designar los derechos dotados solo de garantías débiles y no, también, de garantías fuertes.

La cuestión —preciso ahora, contestando a tu pregunta— afecta, evidentemente, solo a los derechos fundamentales, únicamente para los cuales vale, a causa de su carácter de expectativas generales y abstractas, la distinción entre garantías débiles y garantías fuertes. Esta distinción no vale, en efecto, para los derechos patrimoniales, que son derechos singulares (T11.81), que empiezan a existir a la vez que sus garantías fuertes (la deuda a la vez que el crédito, la prohibición de lesión o de interferencia a la vez que el derecho real de propiedad), predispuestos unos y otros por las que he llamado «normas hipotéticas» (D4.7, D8.4), como efecto de los actos negociales o en todo caso singulares previstos por ellas (T11.82). La distinción vale, en cambio, para los derechos fundamentales, los cuales, al consistir en derechos universales (T11.8), vienen dispuestos inmediatamente por reglas (T11.16), y precisamente por las que he llamado «normas téticas» (D4.6, D8.3, T11.20), que se limitan a formularlos sin introducir contextualmente las necesarias garantías.

Pero también en relación con los derechos fundamentales hay que distinguir. Tales derechos son, en la mayor parte de los casos, situaciones complejas y moleculares, que consisten tanto en expectativas negativas como en expectativas positivas. Precisamente, nuestra distinción no vale para los derechos fundamentales de libertad contemplados como expectativas negativas, a las que corresponde la prohibición de legislar en conflicto con ellos, esto es, un límite a la legislación, cuya violación genera *antinomias* que se manifiestan en leyes inválidas destinadas a la anulación. Pero

---

32. PI I, pp. 695, 706, 912 y 915; PI II, pp. 80 y 224 [trad. esp., PI I, pp. 654, 664, 861 y 864; PI II, pp. 78 y 218].

vale también para esos mismos derechos si estos son contemplados como expectativas positivas de una legislación de actuación: por ejemplo, el derecho a la integridad física e incluso el derecho a la vida exigen, en virtud de la reserva de ley en materia penal, la prohibición y la punición de las lesiones y del homicidio, en ausencia de las cuales esos derechos serían derechos débiles y, de hecho, inefectivos a causa de la *laguna* de tales garantías fuertes.

Pero resulta claro que la distinción entre garantías débiles y garantías fuertes vale, sobre todo, para los derechos sociales, precisamente porque a tales derechos corresponde no la prohibición, sino la obligación de legislar, o sea, de garantizar. A las expectativas positivas en las que consisten tales derechos corresponden, en efecto, solo las que he llamado «garantías débiles», que consisten en la obligación de introducir las garantías fuertes, las cuales, por ello, para llegar a existir exigen siempre leyes de actuación en ausencia de las cuales se produce una *laguna*. Y, sin embargo, también para esos derechos, cuando se ven como expectativas negativas de no lesión —por ejemplo, del no dictado de leyes que dañen la salud, o que reduzcan la educación por debajo de los límites constitucionalmente establecidos (como en Italia, donde el artículo 32 de la Constitución asegura la educación gratuita «durante al menos ocho años»)—, la distinción no sirve, al consistir la prohibición correspondiente a esos derechos en una garantía fuerte cuya lesión, como para los derechos de libertad, genera *antinomias*, o sea, leyes inválidas destinadas a la anulación.

En suma, las prohibiciones (o los límites) que en base a mi cuadrado deóntico de las expectativas corresponden a los derechos fundamentales que consisten en expectativas negativas, como son prevalentemente los derechos de libertad, son inmediatamente garantías fuertes, y precisamente esas garantías que he llamado «garantías primarias», cuya violación por parte del legislador genera *antinomias*, reparables gracias a las «garantías secundarias» del control jurisdiccional de constitucionalidad; de forma que no sirve, respecto de estos derechos, la distinción entre garantías fuertes y garantías débiles. Por el contrario, las obligaciones (o los vínculos) que corresponden a los derechos fundamentales que consisten en expectativas positivas, como son, sobre todo, los derechos sociales, son necesariamente garantías débiles, que consisten en la obligación del legislador de introducir sus garantías fuertes, tanto primarias como secundarias, por medio de leyes de actuación idóneas. Y es en la falta de tales garantías fuertes, impuestas por las garantías débiles pero obviamente inexistentes hasta que no se introducen las leyes de actuación, en lo que consisten las *lagunas* estructurales. Añado que la definición formalizada de estos dos tipos de garantías sería muy simple: «garantía débil» es la obligación correlativa a las expectativas positivas en las que consisten los derechos fundamentales, y que no puede ser otra que la obligación de introducir las garantías fuertes mediante leyes de actuación; «garantía fuerte» es la obligación de satisfacer las expectativas positivas de cualquier titular de derechos fundamentales, introducida por las leyes de actuación de la garantía débil.

J.R.M.: En cuanto a Kelsen, tu respuesta me hace ver que tienes toda la razón en que nuestra discrepancia es más aparente que real. Y por lo que hace a las posibles ventajas que me parecía entender que tendría, desde tu concepción, la formulación de la parte dogmática de las constituciones en términos de normas imperativas y no de normas atributivas de derechos, debo confesar, por un lado, que no había reparado en la distinción entre garantías débiles y fuertes y, por otro, que había interpretado algo apresuradamente algún pasaje tuyo. Acepto enteramente, pues, que, desde tu concepción, la formulación en términos de normas imperativas (que imponen obligaciones y prohibiciones) es estrictamente equivalente a la formulación en términos de normas atributivas (que adscriben derechos). Pero esto, a su vez, me parece que deja imprejuzgados algunos interrogantes. Un punto de vista difundido entre diversos teóricos del constitucionalismo —y al que he aludido en mi intervención precedente— es que el lenguaje de los derechos se sitúa en un plano justificativo superior al de los deberes a ellos correlativos. Los derechos constituirían las razones que justifican la imposición de los deberes correlativos, y no a la inversa. Pero me parece que tú no podrías aceptar esto, que desde tu concepción no caben estas relaciones de fundamentación justificativa entre normas que, a tu juicio, son estrictamente equivalentes, esto es, son simplemente maneras distintas de decir lo mismo.

Pero si lo anterior es una interpretación correcta de tu pensamiento, surgen inmediatamente diversas preguntas referidas tanto a los textos constitucionales como a tu propia teoría del Derecho.

En relación con los textos constitucionales, el hecho de que en ellos los principios fundamentales aparezcan en general en términos de normas atributivas —esto es, en términos propiamente de derechos— y no en términos de normas imperativas que enuncien los deberes correlativos a los mismos, ¿tiene, a tu juicio, alguna significación? Si en los textos constitucionales el lenguaje de las normas atributivas de derechos fuera reemplazado por el lenguaje de las normas imperativas que estipulan los deberes a ellos correlativos, ¿se habría producido algún cambio significativo o tan solo el abandono de un estilo de redacción constitucional amparado por una tradición más o menos venerable? ¿Y tiene alguna justificación, o tan solo una explicación histórica, el que los constituyentes hayan preferido, casi sin excepciones, el lenguaje de los derechos frente al lenguaje de los deberes correlativos?

Pasemos ahora a tu teoría del Derecho. Tratándose de una teoría del Derecho fuertemente autoritativa, o voluntarista, en cuanto a la concepción de las normas supremas del sistema jurídico, de las normas constitucionales, ¿no parecería natural que «imperativo», y no tanto «expectativa», fuera uno de sus conceptos más básicos? De forma que reitero la pregunta que te formulé en mi intervención anterior: ¿por qué has privilegiado, en tu sistema de conceptos, «expectativa» frente a «imperativo»?

L.F.: Las razones por las que he privilegiado como figura deóntica primitiva el concepto de «expectativa» respecto al de «imperativo» —y aun antes el concepto de «permiso» respecto a los de «obligación» o «prohibición»— son múltiples. La primera razón consiste en el mayor alcance empírico y en la mayor capacidad explicativa de estos términos con referencia a los textos constitucionales. En estos textos, como tú mismo dices, los principios fundamentales están expresados habitualmente en términos de normas atributivas de derechos universales (*omium*), y no en términos de normas imperativas de deberes absolutos (*erga omnes*) a cargo de la esfera pública. Esta —teniendo en cuenta la equivalencia lógica de las dos opciones— es ya por sí misma una razón suficiente para conceder centralidad, en el análisis del paradigma constitucional, a los derechos antes que a los deberes correspondientes.

Pero me preguntas por qué en los textos constitucionales se ha privilegiado la formulación de las normas sustantivas en términos de derechos (y por ello, según mi noción de derecho subjetivo, en términos de expectativas) antes que en términos de deberes o de imperativos. ¿Reviste esta formulación algún significado, más allá del estilo transmitido por la tradición? A mí me parece que las razones de esta opción no son irrelevantes en absoluto. Son razones ligadas a la sustancia liberal-democrática de las constituciones democráticas de hoy. En cuanto tales, esas razones retroactúan en apoyo de la misma opción en la construcción tanto de la teoría del Derecho como de la teoría de la democracia. En dos aspectos, conectados entre sí.

En primer lugar, la formulación de las normas constitucionales sustantivas en términos de derechos sirve para explicitar la titularidad de tales normas —en sentido no figurado, sino literal— a cargo de las personas y/o de los ciudadanos, y, por ello, la colocación de estos en una posición supraordenada al artificio jurídico, como titulares de otros tantos fragmentos de la soberanía popular. Los derechos fundamentales, como he mostrado con las tesis T11.16 y T11.29 son, en efecto, reglas, y precisamente normas tético-deónticas. Deriva de ello que sus titulares son también titulares, y no simplemente destinatarios, de la parte sustantiva de la constitución, es decir, de las normas constitucionales por las que se establecen esos derechos (T12.168) y que forman, por ello, un patrimonio común de todos. Se deriva de ello, además, una redefinición de la noción constitucional de «soberanía popular»: podemos, en efecto, decir con razón que en las democracias constitucionales, en las que no existen poderes *legibus soluti*, la norma según la cual «la soberanía pertenece al pueblo» tiene el significado de una *garantía* que equivale, en negativo, al principio de que ella pertenece al pueblo y a nadie más y, en positivo, a esta común titularidad de la constitución a cargo de todos y de cada uno. Deriva de ello, en fin, una tesis de teoría política: los derechos fundamentales, porque pertenecen a todos, deben estar sustraídos a la disponibilidad de las mayorías, que no pueden disponer de lo que no les pertenece, y por tanto, deben estar sustraídos también al poder de revisión constitucional.

En segundo lugar, y consiguientemente, la formulación de las normas constitucionales sustantivas en la forma de derechos antes que de imperativos sirve para expresar de manera bastante más explícita y directa los valores ético-políticos proclamados por esas normas y las cláusulas del pacto constitucional. Sirve para expresar, en otras palabras, lo que he llamado la *razón social* de las instituciones políticas democráticas (D8.14, D10.17, D12.22, T12.117; T12.167, D12.35, T12.190 y T12.191), es decir, la finalidad del artificio jurídico que respecto de esos valores es un medio, y precisamente un instrumento de garantía. Es, en suma, la protección de la vida, y no la prohibición del homicidio —aun si las dos cosas son exactamente la misma— la que expresa, ya desde el esquema hobbesiano, la razón de ser de esa construcción artificial que es el Estado y que lo son hoy tanto más las democracias constitucionales. Esta es la forma en que, en estas democracias, la esfera pública, y en particular el entero aparato de las garantías, se encuentra anclado directamente a las personas de carne y hueso a quienes se atribuyen los derechos fundamentales.

J.R.M.: No sé cómo debo interpretar exactamente lo que acabas de decir. Por un lado, señalas razones que «no son irrelevantes en absoluto» para privilegiar, en el lenguaje de los textos constitucionales y en el de la teoría del Derecho, las nociones de derecho o de expectativa frente a las de deber o imperativo. Pero dices a la vez que ambas opciones son lógicamente equivalentes y, ejemplificando, indicas que la protección de la vida y la prohibición del homicidio «son exactamente la misma cosa». Me pregunto qué quiere decir ser «lógicamente equivalentes» o ser «exactamente la misma cosa» cuando se señala que hay razones de importancia para preferir unas formulaciones a otras. Si, como dices, se trata de que el lenguaje de los derechos, y no el de los deberes correlativos, sirve para explicitar la ubicación de las personas y/o de los ciudadanos «en una posición supraordenada al artificio jurídico», para expresar de manera más directa y explícita los valores ético-políticos proclamados por los textos constitucionales, etc., quizás podríamos expresar todo ello diciendo, como te sugería en mi intervención precedente, que el lenguaje de los derechos se sitúa en un plano justificativo superior al correspondiente a los deberes correlativos, pues el lenguaje de los derechos expresa la razón de tales deberes correlativos: podemos decir que todos tenemos derecho a la vida y que tal es la razón de que esté prohibido el homicidio, pero no que está prohibido el homicidio y que tal es la razón de que todos tengamos derecho a la vida. Pero esto implica, me parece, reducir el alcance de las afirmaciones de que el lenguaje de los derechos y el lenguaje de los deberes correlativos son lógicamente equivalentes, que aquello que dicen uno y otro es exactamente la misma cosa, etc. Reducir su alcance en el siguiente sentido: con ambos lenguajes podemos expresar exactamente las mismas directivas de conducta, pero las expresiones en uno y otro lenguaje no son equivalentes en el plano justificativo. ¿Cómo lo ves tú? En todo caso, lo anterior presupone una distinción entre el plano directivo y el plano justificativo de las normas, distinción que no sé si te parece útil.

Y por lo que hace al lenguaje de tu teoría del Derecho, se me ocurre otra observación en paralelo. Tú dices que las razones para preferir el lenguaje de los derechos en los textos constitucionales «retroactúan en apoyo de la misma opción en la construcción tanto de la teoría del Derecho como de la teoría de la democracia». Optar aquí por el lenguaje de las expectativas y de los derechos, y no por el de los imperativos y los deberes, vienes a decir, posibilita a la teoría dar cuenta mejor de los valores ético-políticos que subyacen al constitucionalismo y, especialmente, presentar la esfera pública de las democracias constitucionales «y en particular el entero aparato de las garantías» como «anclado directamente a las personas de carne y hueso a las que se atribuyen los derechos fundamentales». Yo estoy enteramente de acuerdo, pero esto ¿no significa privilegiar una interpretación posible de los textos constitucionales frente a otras, igualmente posibles? Y ello ¿con qué fundamento? Porque, si al presentar tus propias valoraciones ético-políticas, o tu adhesión a las valoraciones ético-políticas incorporadas al texto constitucional, dicha presentación o manifestación de adhesión no se ve acompañada de algo así como una pretensión de corrección a la que podamos asentir, ¿por qué preferir una presentación de las normas constitucionales que las muestre como expresión del individualismo ético igualitario (quizás el rótulo no te haga muy feliz) que tú sostienes —y que yo estoy de acuerdo en que constituye la mejor luz posible para entender esas normas— a otra presentación de esas mismas normas que sea también compatible con su tenor literal y que pueda presentar un análogo grado de coherencia? Sé que esta cuestión se te ha planteado mil veces y que tú permaneces irreductiblemente fiel a una posición metaética no cognoscitivista, pero si admites que el sistema de conceptos de tu teoría del Derecho está en parte determinado por valoraciones ético-políticas, me parece ineludible preguntar por la fundamentación de esas valoraciones. De nuevo ¿cómo lo ves tú?

L.F.: Las equivalencias de expectativa positiva y de expectativa negativa de un cierto comportamiento con la obligación y la prohibición, respectivamente, de ese mismo comportamiento son teoremas (T2.60-T2.63), derivados del postulado P3, de los teoremas T1.5 y T1.4 y de las definiciones D2.4 y D2.5 de obligación y de prohibición. Estas equivalencias afectan a la dimensión extensional del significado, y no a su dimensión intensional. En este sentido, la expresión «existe la expectativa $y1$ de la comisión (o de la omisión) del comportamiento x con cargo a un sujeto $z1$» es lógicamente equivalente a (es decir, tiene el mismo valor de verdad y por ello es sustituible con) la expresión «existe la obligación $y2$ (o la prohibición $y2$) del mismo comportamiento x con cargo a otro sujeto $z2$». Se sigue de ello que ambas expresiones dicen lo mismo: decir que todos tienen derecho a la educación equivale a decir que existe la obligación de proporcionar educación gratuita a todos; decir que todos tienen derecho a la vida equivale a decir que está prohibido matar. «La Declaración de derechos contiene las obligaciones de los legisladores», estableció el artículo 1 de la sección «Deberes» de la Constitución francesa de 1795. En suma, lógicamente, derechos de la persona y deberes públicos correspondientes son equivalentes. No olvidemos que la primera enmienda de la Constitución de los Estados Unidos formuló las libertades fundamentales con la forma de una prohibición: «El Congreso no podrá hacer ley alguna por la que se adopte una religión como oficial o se prohíba practicarla libremente; o que coarte la libertad de palabra o de imprenta, o el derecho del pueblo para reunirse pacíficamente y para pedir al gobierno la reparación de agravios». Y lo mismo sucede por lo que respecta a la primera formulación constitucional de derechos sociales. «Los socorros públicos», estableció el artículo 21 de la Constitución francesa de 24 de junio de 1793, «son un deber sagrado. La sociedad debe procurar la subsistencia a los ciudadanos desgraciados, bien procurándoles trabajo, bien asegurando los medios de existencia a aquellos que no están en condiciones de poder trabajar».

Sin embargo, la equiextensión de nuestras dos parejas de términos no quita su diferente valor pragmático o político o también, si se prefiere, su distinto significado emotivo. Entre equivalencia extensional y diferencia del significado emotivo no hay, en efecto, ninguna contradicción: «está prohibido matar» y «todos tienen derecho a la vida», «está prohibido fumar» y «todos tienen derecho a no sufrir el humo de los demás» son parejas de fórmulas equivalentes entre sí. Pero es claro que la segunda, aun diciendo lo mismo que la primera, expresa de manera más explícita el principio que está detrás. Y esta es una razón suficiente para explicar históricamente y para justificar políticamente la formulación de las normas constitucionales en forma de principios antes que de reglas.

Comparto, por tanto, enteramente tu propuesta de considerar el principio que enuncia el derecho como la justificación de la regla, o sea, como el valor subyacente a esta: es lo que también yo he sostenido afirmando que los derechos expresan de manera más directa los valores que informan el ordenamiento de lo que lo hacen las reglas construidas en términos de obligaciones y prohibiciones. Tienes, por eso, enteramente razón cuando afirmas que «el lenguaje de los derechos expresa la razón de los deberes correlativos: podemos decir que todos tenemos derecho a la vida y que tal es la razón de que esté prohibido el homicidio, pero no que está prohibido el homicidio y que tal es la razón de que tengamos derecho a la vida»: afirmaciones que suscribo totalmente. Incluso las reglas expresadas por los semáforos en los cruces o las prohibiciones de aparcar tienen como fundamento y justificación el principio de la circulación rodada más racional. Como ves, también sobre este punto hay entre nosotros un acuerdo sustancial.

A esta primera razón para la formulación de las normas constitucionales en términos de derechos (*omnium*) antes que de deberes (*erga omnes*) he añadido otra, de carácter todavía más explícitamente político: la configuración de los titulares de los derechos, y por tanto de las normas constitucionales que los expresan y que son de grado supraordenado a cualquier otra norma, como sujetos a su vez supraordenados al entero artificio jurídico, configurable por ello como instrumento de garantía de los mismos. De aquí la construcción de la teoría de la democracia, isomorfa a la teoría del Estado constitucional de Derecho, a partir de los derechos fundamentales. Esta, por consiguiente, no es en absoluto una opción política arbitraria o la expresión de una preferencia mía y ni siquiera, como dices tú, «una interpretación posible de los textos constitucionales, frente a otras, igualmente posibles». Es, por el contrario, la opción adoptada por los propios textos constitucionales, que, por ello, se impone también a la teoría como la única posible o, al menos, como la más adecuada, porque dotada de mayor alcance empírico y explicativo.

Te agradezco, por ello, la precisión que me has sugerido con tu pregunta: los principios son los fundamentos de las reglas correspondientes, es decir, sus razones justificantes, jurídicas y políticas al mismo tiempo. Si después nos referimos a las reglas producidas por sus leyes de actuación, podemos decir también que los principios son las razones o los fundamentos supraordenados a ellas. Por lo demás, como he recordado antes, es precisamente esto lo que he querido expresar con mi noción de «razón social» (D8.14): la cual, referida al Estado constitucional de Derecho, designa las finalidades estipuladas en la Constitución y que consisten precisamente en la garantía de los derechos fundamentales constitucionalmente establecidos (T12.117, T12.167).

En cuanto a la distinción que propones «entre el plano directivo y el plano justificativo de las normas», ciertamente me parece una distinción útil, pero con una condición: que la dimensión normativa se le reconozca también a los principios. También los derechos, o sea, las expectativas deónticas en las que se formulan los principios se sitúan, a mi parecer, además de en un plano justificativo, en un plano directivo, y por ello normativo y vinculante frente a la producción normativa inferior. Precisamente, los principios constitucionales son normativos en el sentido de que confieren derechos cuya violación por comisión genera antinomias y, al mismo tiempo, imponen la obligación de producir leyes de actuación cuya violación por omisión genera lagunas. Quizá podríamos concordar en la siguiente tesis: los principios se sitúan, como dices tú, en «un plano justificativo superior al de los deberes correspondientes» y, por ello, también en un plano normativo superior a sus leyes de actuación. En suma, los derechos constitucionalmente establecidos, por ejemplo a la vida y a la salud, están estructural y jurídicamente supraordenados a las leyes de actuación que introducen, bajo la forma de reglas, sus correspondientes garantías fuertes, como por ejemplo las normas penales y procesales sobre el homicidio o el servicio sanitario nacional y gratuito para todos.

DOS MODELOS DE TEORÍA DEL DERECHO Y DE CONSTITUCIONALISMO

En cuanto a mi no cognitivismo ético, el mismo no es en absoluto incompatible con el reconocimiento de los valores ético-políticos sobre los que se fundamentan los ordenamientos de nuestras democracias constitucionales y, como reflejo, también las teorías de la democracia que tienen como referentes empíricos a esos ordenamientos. Mi metaética anticognitivista entraña solo que esos valores no consisten en la «verdad», sino en fundamentos ético-políticos o de «justicia»: fundamentos, por lo demás, que he tenido muchas veces ocasión de identificar con la paz, la igualdad, la dignidad de la persona y la protección de los más débiles.

Es además evidente que la teoría de la democracia propuesta por mí no es una teoría genérica de la justicia o del buen gobierno democrático, sino una teoría empíricamente anclada en la experiencia histórica de las democracias constitucionales de hoy y, por ello, «determinada por las valoraciones ético-políticas» que han informado sus textos constitucionales. Todo esto, sin embargo, al menos en *Principia iuris*, vale solo para la teoría de la democracia (además de para las disciplinas constitucionalistas de cada ordenamiento específico), y no vale asimismo para la teoría del Derecho. Es claro que la teoría del Derecho propuesta por mí ha sido desarrollada con vistas a la teoría de la democracia constitucional, esto es, de la específica democracia avanzada en la que vivimos. Pero esa teoría del Derecho, como lo he subrayado muchas veces, es una teoría puramente formal, cuyos conceptos son del todo independientes de lo que dicen, o de lo que juzgamos justo que digan, las normas constitucionales. La teoría se desarrolla, precisamente, a través de progresivas reducciones de su extensión y progresivas intensificaciones de su intensión: su primera parte tiene el máximo alcance empírico, al referirse a todos los sistemas deónticos; la segunda parte tiene un alcance que se extiende a todos los sistemas de Derecho positivo; la tercera tiene un alcance más restringido, al referirse a esos sistemas estructuralmente más complejos que son los Estados constitucionales de Derecho. Pero esta tercera parte es asimismo una teoría formal. 'Constitución', según la definición que he propuesto en D12.22, es cualquier estatuto de una institución política cuyas normas, sean cuales fueren sus contenidos, están supraordenadas, como normas formales y/o sustantivas sobre la producción, a cualquier otra norma del ordenamiento. Para que una constitución sea, además, 'democrática', he añadido en la misma definición, se requieren, como condiciones contrafácticas necesarias (pero no suficientes), la representatividad de las instituciones de gobierno, la separación de estas instituciones de las funciones e instituciones de garantía y la garantía de los derechos fundamentales que han sido en cada caso constitucionalmente estipulados como necesarios para la convivencia pacífica.

J.R.M.: En cuanto a la tesis según la cual «los principios se sitúan [...] en un plano justificativo superior al de los deberes correspondientes y, por ello —como dices— también en un plano normativo superior al de sus leyes de actuación», desde luego concordamos absolutamente. Y concordamos también, desde luego, en que los principios tienen no solo una dimensión valorativa o justificativa, sino también una dimensión directiva o normativa en sentido estricto. En esto no creo que haya entre nosotros más que diferencias de presentación y de vocabulario. Por ejemplo, en el artículo tuyo que aparecerá en el próximo número de *Doxa*[33], monográfico sobre tu obra, usas el término «directivo» en el sentido en que Atienza y yo hemos hablado de «programático», mientras que nosotros utilizábamos «directivo» para hacer referencia a la dimensión de las normas (tanto reglas como principios) en cuanto guías de la conducta. No obstante, probablemente hay, creo, más allá de estos detalles puramente terminológicos, alguna diferencia importante entre tu manera de ver los principios —y sus relaciones con las reglas— y la mía. No en vano en el artículo tuyo al que acabo de hacer referencia, me ubicas del lado del que llamas, muy adecuadamente, «constitucionalismo principialista o argumentativo», mientras que tú te sitúas en el ámbito del que denominas «constitucionalismo positivista o garantista». Pero sobre estas diferencias relativas a la manera de entender los principios y sus relaciones con las reglas te preguntaré, si te parece, más adelante. Ahora quisiera volver sobre las relaciones de justificación entre enunciados jurídicos y, también, sobre algún aspecto de tu no cognoscitivismo ético.

---

33. L. Ferrajoli: «Costituzionalismo principialista e costituzionalismo garantista», en *Giurisprudenza costituzionale* 3 (2010), pp. 2711 ss. [trad. esp.: «Constitucionalismo principialista y constitucionalismo garantista»: *Doxa* 34 (en prensa)].

DOS MODELOS DE TEORÍA DEL DERECHO Y DE CONSTITUCIONALISMO

Por lo que hace a lo primero, me ha llamado la atención, en tu respuesta precedente, lo siguiente: por un lado aceptas que los enunciados en términos de derechos expresan la razón de los deberes correlativos, pero, por otro, dices también expresamente que los enunciados en términos de derechos y los enunciados en términos de deberes divergen en cuanto a «su diferente valor pragmático o político o también, si se prefiere, en su diverso significado emotivo». Tienes, desde luego, razón, a mi juicio, en que «entre equivalencia extensional y diferencia del significado emotivo no hay ninguna contradicción», pero si la diferencia relevante entre los enunciados de derechos y los enunciados de deberes correlativos reside centralmente tan solo en la diferente carga emotiva de unos y otros, entonces no creo que quepa hablar de relaciones de justificación entre unos y otros, sino, todo lo más, de la mayor adecuación retórica o persuasiva de los primeros respecto a los segundos. Pero, quizás, al hablar de «significado emotivo», quieras decir algo distinto de lo que tradicionalmente se ha llamado «carga emotiva». De manera que te preguntaría: el «valor pragmático o político» ¿se identifica con el «significado emotivo»? Y el «significado emotivo» ¿se identifica con la «carga emotiva»?

Por lo que hace a tu no cognoscitivismo ético, quisiera ahora referirme a dos cosas. La primera tiene que ver con un párrafo que encuentro en tu respuesta precedente. Dices así, tras aludir a los «valores ético-políticos sobre los que se fundamentan los ordenamientos de nuestras democracias constitucionales»: «Mi metaética anticognitivista entraña solo que esos valores no consisten en la 'verdad', sino en fundamentos ético-políticos o de 'justicia': fundamentos, por lo demás, que he tenido muchas veces ocasión de identificar con la paz, la igualdad, la dignidad de la persona y la protección de los más débiles». Tienes, desde luego, obviamente razón en que los valores a los que obedecen nuestros ordenamientos no consisten en la verdad, sino en fundamentos ético políticos o de justicia, tales como los que tú mismo enumeras. La verdad es el valor al que se orientan los discursos asertivos —como, por ejemplo, el de la ciencia— pero no, desde luego, el valor orientador de discursos normativos, tales como los de los ordenamientos jurídicos. Pero ello, me parece, no significa que la verdad sea por completo ajena a tal tipo de discursos. Porque siempre cabe preguntar cosas tales como: ¿es verdad que la igualdad —en el sentido, por ejemplo, de igualdad de trato— debe operar como un valor inspirador de los sistemas jurídicos? O ¿es verdad que los sistemas jurídicos deben garantizar la libertad de expresión? Algunos dirán que en este tipo de contextos no es pertinente hablar de *verdad*, sino, por ejemplo, de *corrección* o de *justificación*. De esta forma, las preguntas anteriores deberían, según ellos, reformularse más o menos así: ¿es correcto considerar que la igualdad debe operar como un valor inspirador de los sistemas jurídicos? O ¿está justificado considerar que los sistemas jurídicos deben garantizar la libertad de expresión? Esta estrategia de sustituir 'verdad' por 'corrección' o 'justificación' tiene, sin embargo, a mi juicio, poco recorrido, porque siempre es posible preguntar: ¿es verdad que es correcto (o que está justificado) considerar que la igualdad, etc.? Pues bien, quisiera preguntarte lo siguiente: las preguntas anteriores, que aluden a la verdad no como valor de nuestros sistemas jurídicos, sino en relación con nuestros juicios sobre los valores que deben inspirar tales sistemas, ¿tienen, a tu juicio, sentido?, ¿o están de algún modo mal formuladas?, ¿puede dárseles alguna respuesta desde tus coordenadas o deben, por alguna razón, ser desechadas como sinsentidos?

Otra cosa: a tu juicio, en el ámbito moral debe evitarse plantear las tesis de cada cual en términos de 'verdad', porque ello, piensas, conduce necesariamente a la intolerancia. Escribes así, en el artículo «Constitucionalismo principialista y constitucionalismo garantista», al que ya hemos hecho referencia: «El resultado final del cognoscitivismo ético es, por lo tanto, de modo inevitable, el absolutismo moral y, consiguientemente, la intolerancia ante las opiniones morales disidentes: si una tesis moral es 'verdadera', entonces no es aceptable que no sea compartida por todos y que no sea impuesta a todos en la forma de Derecho»[34]. Bueno, la verdad es que yo sencillamente no veo por qué. No creo que haya una particular relación entre la afirmación de una tesis como verdadera y una actitud de intolerancia ante quienes no la suscriban. Las tesis de la ciencia, por ejemplo, se presentan como verdaderas, y no parece que los científicos sean una comunidad particularmente intolerante. Puedes quizás argüir que los juicios de valor suelen ser altamente controvertibles y controvertidos y que eso no sucede

---

34. «Cosituzionalismo principialista...», cit., § 4, p. 2789.

con los juicios de hecho, propios de la ciencia. Pero eso me parece que sencillamente no es cierto: cuáles sean las consecuencias esperables de adoptar una cierta medida de política económica, por ejemplo, suele ser materia altamente controvertible: si preguntas a cien economistas, sueles encontrarte con cien opiniones distintas, cada una de las cuales pretende, desde luego, ser verdadera. Y los economistas no suelen, que yo sepa, reclamar que sus tesis sean afirmadas como obligatorias por el Derecho.

Lo que yo pienso es, más bien, que si no esgrimimos nuestras tesis morales con la pretensión de que son verdaderas (o correctas, o justificadas, como te decía, en mi opinión tanto da) resulta incomprensible de qué discutimos cuando discutimos esas tesis morales. Pues si nuestras tesis morales son pura expresión de nuestras preferencias, no se ve bien de qué habría que discutir. Nos comunicaríamos mutuamente nuestras preferencias unos a otros y tras ello nos despediríamos cortésmente; no habría materia de discusión.

Pero si no veo la relación entre objetivismo e intolerancia, tampoco creo que la haya entre relativismo y tolerancia. Creo que el intento de Kelsen de fundar el valor de la tolerancia en el relativismo resulta por completo fallido: de que no haya —como piensa Kelsen— verdad en materia moral no puede seguirse ninguna tesis acerca de qué valores deban considerarse fundamentados. Y, por otro lado, si hay versiones del objetivismo que tienden a fomentar la intolerancia, lo mismo puede decirse de algunas versiones del relativismo. Como muestra, el siguiente texto cuyo autor es nada menos que Benito Mussolini: «Si ser relativista supone despreciar las categorías fijas y no hacer caso de los que se proclaman portadores de una verdad objetiva e imperecedera, entonces nada hay más relativista que las actitudes y la actividad del fascista. Del hecho de que todas las ideologías tengan igual valor y de que todas sean meras ficciones, el relativista moderno infiere que todo hombre tiene el derecho a crear por sí mismo su propia ideología y a intentar imponerla con toda la energía de que sea capaz»[35].

Naturalmente —creo que no hace falta decirlo— yo no creo que Mussolini tenga razón. De que las tesis éticas no puedan considerarse como verdaderas o falsas no cabe inferir, me parece, ni

---

35. *Diuturna*, Milán, 1924, p. 377; tomo la cita de E. López Castellón: «Supuestos teóricos de los relativismos éticos»: *Sistema* 58 (1984), p. 19.

que deba prevalecer la tolerancia, ni tampoco, naturalmente, que deba prevalecer la imposición de las opiniones del más fuerte. A mi juicio, de la negación del valor de verdad de las tesis éticas no puede inferirse absolutamente nada en el plano del deber ser.

Me gustaría saber tu opinión sobre todo esto.

L.F.: También yo advierto con placer que hasta ahora, en gran parte de lo que estamos diciendo estamos sustancialmente de acuerdo: en particular en la tesis de que los principios, más allá de otras diferencias sobre las que quizás volvamos más adelante, tienen el mismo carácter normativo que las reglas. Subsiste nuestro desacuerdo sobre el cognitivismo ético, que por lo demás no afecta, propiamente, a la teoría del Derecho. La alternativa entre cognitivismo ético y anticognitivismo ético es, en efecto, una cuestión metaética de filosofía moral y, por otro lado, de filosofía jurídica y política.

Me has preguntado si el «valor pragmático se identifica con el significado emotivo» de los principios expresados por los derechos fundamentales y si, a su vez, «'significado emotivo' se identifica con 'carga emotiva'». Me parece que sí: «significado emotivo» y «carga emotiva» me parecen expresiones sustancialmente sinónimas. Dicho esto, el «valor pragmático o político» de la formulación jurídica (y consiguientemente teórica) de los principios en términos de derechos, más bien que de deberes, depende no tanto del diverso significado emotivo de los principios (expresados por medio de derechos) respecto de las reglas (expresadas por medio de deberes), sino de su distinto significado intensional, respecto del cual el distinto significado emotivo es solo una consecuencia: entiendo por 'intensión', según la concepción del significado de Frege, la connotación de un término, en oposición a 'extensión', expresión con la que se entiende la clase de las entidades de las que el término es predicable en proposiciones verdaderas. Derechos-expectativas y deberes correlativos —al igual que cualquier otra implicación recíproca, como por ejemplo entre 'signo' y 'significado' (D4.1), entre 'causa' y 'efecto' (D5.1), o entre 'ilícito' y 'acto informal prohibido' (D9.4)— aun siendo lógicamente equivalentes (existe una expectativa positiva o negativa de un cierto comportamiento con cargo a un sujeto $z1$ si y solo si [o bien, equivale a decir que] existe la obligación o la prohibición del mismo comportamiento con cargo a otro sujeto $z2$), tienen, en efecto, un significado intensional distinto. Los unos designan figuras deónticas pasivas, los otros designan figuras deónticas activas. Los primeros expresan la razón de ser, o la razón social, o el fundamento axiológico y político, o las *finalidades* del artificio jurídico; los segundos hacen referencia al artificio mismo, es decir, a las funciones y a las instituciones de garantía introducidas como *instrumentos* de actuación de los primeros. Más arriba he recordado que algunos de los primeros enunciados constitucionales, en los textos del siglo XVIII, de las libertades fundamentales y de los derechos sociales tuvieron lugar en la forma de deberes públicos, más bien que de derechos. Pero resulta claro que el pacto constitucional de convivencia consiste esencialmente en la estipulación de sus razones o finalidades, mucho antes que de los instrumentos correlativos de actuación. Sin contar con que la formulación de los principios en forma de derechos individuales más bien que de deberes públicos sirve para explicitar, como ya he dicho, su titularidad a cargo de las personas como sujetos supraordenados al artificio jurídico.

Pero vayamos a la cuestión de la «verdad» de las tesis éticas. Me preguntas si podemos decir sensatamente que «es verdadero (o es correcto) decir que la igualdad debe operar como un valor inspirador de los sistemas jurídicos» o que «es verdadero (o es correcto) que los sistemas jurídicos deben garantizar la libertad de expresión». A mí me parece que podemos decir correctamente ambas cosas: *a*) en el plano jurídico (es decir, en sede de ciencia del Derecho), únicamente con referencia a aquellos ordenamientos en los cuales los principios de igualdad y de libertad están positivamente establecidos, pero no con referencia a ordenamientos antidemocráticos o iliberales cuyas normas no solo no establecen sino que, por el contrario, niegan estos principios; *b*) en el plano moral y político (es decir, en sede de filosofía política), entendiéndose, sin embargo, con esta tesis que «es justo» (y no ya que «es verdadero») que la igualdad informe los sistemas jurídicos y que la libertad de expresión esté, en esos sistemas, garantizada: tesis, por lo demás, no compartidas por los racistas o fascistas que sostienen tesis exactamente opuestas.

Cuestión distinta, aunque conectada, es la de la intolerancia y la tolerancia que, a mi parecer, se derivan respectivamente del cognitivismo y del anticognitivismo ético. Dices que no ves por qué, «si una tesis moral es verdadera, entonces no es aceptable que no sea compartida por todos y que no sea impuesta a todos en la forma de Derecho». No ves, en otras palabras, qué relación hay entre la afirmación de una tesis como «verdadera» y la disposición a la intolerancia: «las tesis de la ciencia», añades, «se presentan como verdaderas, y no parece que los científicos sean una comunidad particularmente intolerante».

Trataré de explicarme partiendo de esta última tesis, con la que no estoy de acuerdo. Las tesis de la lógica y de la matemática se presentan como verdaderas porque son tautológicas, esto es, demostrables a través de una serie de ecuaciones con un número limitado de axiomas. En cuanto a las tesis de la ciencia empírica, se presentan más bien como verificables y verificadas, pero también, siempre, como falsables, hasta el punto de ser, con el progreso de la ciencia, falsadas de hecho: se presentan, dicho brevemente, como verdades expuestas a la refutación empírica sobre la base de los datos de la experiencia. Pero tanto los matemáticos y los lógicos como los científicos y los historiadores son extremadamente —y justamente— intolerantes frente a tesis infundadas porque lógicamente no demostradas o empíricamente no comprobadas: son justamente intolerantes, por ejemplo, frente a tesis como $2 + 2 = 5$, o $p > - p$, o el sol gira en torno a la tierra, o la revolución francesa tuvo lugar en 1689.

La diferencia de los juicios de valor respecto de las tesis de la ciencia no consiste por ello en el hecho de que los primeros sean, como en la objeción que tú rechazas, «altamente controvertibles y controvertidos», a diferencia de las tesis de la ciencia, que no lo son. Consiste, a mi parecer, en la circunstancia exactamente opuesta: en el hecho de que los juicios de valor no son ni verificables ni refutables empíricamente, es decir, con referencia a lo que existe o sucede, a diferencia de las tesis de la ciencia que, por el contrario, sí lo son. Y esto se debe simplemente a que los juicios de valor no son ni verdaderos ni falsos, dado que no consisten en aserciones, sino en prescripciones, como tales argumentables con principios y juicios a su vez de valor, ni verdaderos ni falsos. Por esto, si, por el contrario, juzgamos que las tesis éticas son verdaderas o falsas, y evidentemente pensamos que son verdaderas las que sostenemos nosotros, no podemos tolerar, por falsas, las tesis opuestas que no compartimos. El cognitivismo ético supone el objetivismo moral y lleva inevitablemente al dogmatismo y al absolutismo moral.

El rechazo del cognitivismo y del objetivismo moral, por otro lado, no debilita, ni aun mínimamente, la firmeza con la que defendemos nuestras tesis morales o políticas en materia de justicia, como las tesis sobre la igualdad o sobre la libertad que pones tú como ejemplo, o las tesis sobre el valor de la paz o de los derechos sociales. La alternativa al cognitivismo ético, en efecto, no es en absoluto, a mi parecer, el relativismo emotivista, o la idea de que los valores éticos son el fruto de preferencias inmotivadas, ni aún menos el indiferentismo moral: personalmente tiendo a no usar la expresión «relativismo moral», a mi parecer altamente equívoca, sino solo la expresión «anticognitivismo (o anticognitivismo y antiobjetivismo) ético». La alternativa es simplemente la fundamentación, racionalmente motivada y argumentada, aunque no «verificada», de nuestras tesis ético-políticas, en cuanto tales normativas, en base a (nuestra concepción de) la justicia, más bien que en base a la verdad. Diré más. Defendemos nuestras tesis morales y políticas —sobre el valor de la igualdad, de la libertad, de la paz o de los derechos sociales, con bastante mayor compromiso, pasión y disponibilidad al conflicto de lo que defendemos nuestras tesis científicas o historiográficas—. Pero consideramos del todo legítimas y a veces incluso racionalmente argumentadas (es aquí donde reside la tolerancia) las opiniones, las valoraciones y las tesis morales y políticas opuestas, de tipo reaccionario o iliberal, que sin embargo rechazamos y combatimos en el plano moral y político: como la tesis según la cual la igualdad es un disvalor, o la libertad de expresión merece ser sacrificada a las exigencias de orden público, o la guerra (piénsese en lo que escribió Hegel al respecto) es un valor, o los derechos sociales no son verdaderos derechos y no deben garantizarse porque resultan excesivamente costosos. Que no son en absoluto tesis falsas —demostrables o refutables como tales— sino solo tesis o principios normativos que rechazamos porque los juzgamos inmorales o injustos.

Por otro lado, precisamente porque no están demostradas ni comprobadas (ni son demostrables, ni comprobables) como verdaderas o como falsas, a causa de su estatuto normativo y no asertivo, las tesis morales son objeto, sobre la base de juicios de valor, de argumentación racional, es decir, de una técnica justificativa que, como tú me indicas, es por completo distinta de la verificación, tanto lógica como empírica. Confieso por ello que siempre he encontrado algo singular que precisamente los mejores teóricos y cultivadores de la argumentación, empezando por ti y por Manolo Atienza, sean defensores de una ética cognitivista (por no hablar de la tesis dworkiniana de la única solución verdadera o correcta). En efecto, si situamos las divergencias morales y políticas en el plano de lo verdadero y de lo falso, y sin embargo no somos capaces ni de demostrar (como para las verdades lógicas) ni de comprobar (como para las verdades empíricas) nuestras pretendidas «verdades éticas», entonces resultan imposibles el diálogo, la confrontación y la posibilidad misma de la persuasión racional. Es prueba de ello que ninguna metaética de tipo cognitivista, como he sostenido en el ensayo sobre el constitucionalismo citado por ti, es capaz de refutar en su terreno las tesis éticas sostenidas por una metaética cognitivista distinta: como, por ejemplo, las tesis éticas de la Iglesia católica y la consiguiente pretensión de la misma Iglesia de imponerlas a todos como verdaderas, mediante su transformación en normas jurídicas. Y esto precisamente porque las tesis éticas sostenidas por metaéticas cognitivistas distintas se presentan todas como verdades, no demostrables ni refutables, en vez de hacerlo como principios normativos, argumentables como justos sobre la base de juicios de valor. Invertiré, por ello, la crítica dirigida por ti al anticognitivismo: si presentásemos nuestras tesis morales como verdaderas en oposición a quien sostiene tesis distintas, «nos comunicaríamos mutuamente nuestras verdades unos a otros y tras ello nos despediríamos cortésmente; no habría materia de discusión». Una ética cognitivista, como son típicamente todas las de tipo religioso, solo puede criticarse, a mi parecer, refutando en el plano metaético al propio cognitivismo ético.

Añado otra consideración, que es, a fin de cuentas, la más relevante en nuestras disciplinas: de las tesis éticas expresadas por normas de Derecho positivo, como son por ejemplo los principios establecidos en nuestras constituciones, no puede inferirse nada *en el plano de (su) verdad moral*. Pero sí puede inferirse inductivamente, *en el plano de la verdad jurídica*, lo que entendemos, en base a su interpretación, que tales principios expresan. Pero la verdad, en este caso, no consiste en la verdad de las normas ni tampoco en la verdad de las tesis éticas expresadas por ellas, sino en la «verdad», que también yo admito, de las proposiciones normativas que interpretan tales normas. Se trata, obviamente, de una «verdad jurídica» opinable, en tanto que ligada a la interpretación y, por tanto, a la argumentación, a su vez más o menos opinables según el grado de precisión y determinación de los textos normativos, así como según la bondad de los argumentos aportados en su apoyo. Pero esto vale para cualquier verdad jurídica, tanto judicial como doctrinal, esto es, para la «verdad» de todas las proposiciones normativas que enuncian el significado de cualquier norma positiva.

En suma, más allá de nuestro disenso sobre el cognitivismo ético, podemos quizás estar de acuerdo en la verificabilidad y falsabilidad empíricas, con referencia a lo que dicen los enunciados normativos, de las proposiciones que hablan del Derecho positivo: de las proposiciones que interpretan el significado de las normas y de las proposiciones que enuncian juicios de validez y de invalidez de esas mismas normas. ¿Qué me dices de esto?

J.R.M.: Creo que, en efecto, en relación con el objetivismo ético hay entre nosotros un desacuerdo probablemente insalvable. Lo califico así porque no me parece que el desacuerdo se produzca por una deficiente comprensión por parte de alguno de nosotros de lo que sostiene el otro. El desacuerdo, creo, subsistiría aun en condiciones de comprensión mutua perfecta. Hay, de todas formas, al menos por mi parte, un problema de comprensión. Y es que no acabo de entender lo que quieres decir cuando, tras rechazar el objetivismo ético, dices no compartir tampoco el relativismo. A mi modo de ver, objetivismo y relativismo son posiciones estrictamente contradictorias, de forma que la negación de una implica la afirmación de la otra. Esto no se aplica, naturalmente, a la relación entre absolutismo y relativismo, si por absolutismo entendemos aquella concepción de los juicios morales según la cual estos tendrían un modo de validez que los haría inmunes al escrutinio y a la crítica racionales (absolutista sería, en este sentido, la concepción de Ratzinger y, en general, de los católicos); naturalmente uno puede negar el absolutismo sin afirmar el relativismo. Pero en cuanto a la relación entre objetivismo y relativismo, a mi modo de ver la negación del objetivismo implica necesariamente la afirmación del relativismo. Entiendo por objetivismo (y esta no pretende ser una definición estipulativa, sino recoger al menos lo central del uso de esta expresión) la posición que sostiene, en primer lugar, que los juicios morales son racionalmente fundamentables o justificables y, en segundo lugar, que la afirmación de que un juicio moral está racionalmente justificado excluye la justificabilidad racional del juicio opuesto. Relativismo sería la posición que o bien negara la posibilidad de justificación racional de los juicios morales, o bien definiera 'justificación racional' de tal modo que la justificación racional de un determinado juicio moral no implicara la no justificabilidad racional del juicio opuesto. Esta última parece ser, si te interpreto bien, tu posición. Dices así, de quienes comparten tu punto de vista: «Defendemos nuestras tesis morales y políticas —sobre el valor de la igualdad, de la libertad, de la paz o de los derechos sociales, con bastante mayor compromiso, pasión y disponibilidad al conflicto de lo que defendemos nuestras tesis científicas o historiográficas—. Pero consideramos del todo legítimas y a veces incluso racionalmente argumentadas (es aquí donde reside la tolerancia) las opiniones, las valoraciones y las tesis morales y políticas opuestas». Pero esta posición parece implicar que el principio de no contradicción no rige en el universo de los juicios morales justificados: de él podrían formar parte tanto un determinado juicio como su negación. Añadiré que, desde mi punto de vista, la tolerancia no consiste en considerar que mis propios juicios morales están tan (o tan poco) justificados como los juicios de valor opuestos, sino en la disponibilidad continua a revisar mis propios juicios si se me dan buenas razones para ello, así como en la consideración de que todos deben tener la libertad de expresar y de debatir sus juicios morales, y de vivir de acuerdo con los mismos (en el espacio acotado por aquello que juzgo intolerable, por ejemplo la lesión de derechos básicos ajenos) aun cuando estos juicios morales puedan estar, o estén de hecho, equivocados.

De manera que, para concluir con este asunto, te preguntaría: 1) ¿Hay, a tu juicio, un espacio intermedio entre objetivismo y relativismo? ¿Cómo se delimita tal espacio intermedio? 2) ¿Qué papel cumple, en tu opinión, el principio de no contradicción en el ámbito de los juicios morales racionalmente justificados?

Al final de tu intervención precedente indicas que, si no estamos de acuerdo en el plano de la metaética, quizás sí lo estemos en cuanto al valor de verdad de las proposiciones normativas en las que consiste lo que llamamos 'ciencia del Derecho' o dogmática jurídica. Pues bien: si en algunos otros puntos de nuestra conversación hemos podido constatar que había entre nosotros desacuerdos aparentes, a los que subyacía un acuerdo de fondo, me temo que aquí pueda ocurrir justo lo contrario, esto es, que haya un acuerdo aparente al que subyace un desacuerdo de fondo. Quiero decir lo siguiente: yo, desde luego, creo que las proposiciones normativas referidas al Derecho tienen valor de verdad, siempre que, de manera análoga a lo que sucede en el caso de los juicios morales, no entendamos por 'verdad' más que 'justificación racional' o algo similar. Si entendemos 'verdad', en cambio, en el sentido de 'correspondencia' (y este es, me parece, el sentido de 'verdad' en el que tú estás pensando, como indican tus alusiones a la «verificabilidad y falsabilidad empíricas») me parece que las proposiciones normativas propias de la 'ciencia jurídica' solo tienen valor de verdad (en este sentido, repito, de 'correspondencia') en los casos más triviales y menos interesantes. Sería, por ejemplo, 'verdadera' en el sentido de 'correspondencia', una proposición como la siguiente: «Forma parte del Derecho español una disposición (art. 1.1. del Código civil) que dice: 'las fuentes del ordenamiento jurídico español son la ley, la costumbre y los principios generales del Derecho'». Pero si de proposiciones de este tipo pasamos a proposiciones interpretativas, del tipo de «la oración O presente en el texto de la ley L debe entenderse en el sentido S», creo que cuando a propósito de estas proposiciones cabe hablar de interpretación en sentido propio, esto es, cuando se adscribe a las oraciones emitidas por el legislador un significado que no es meramente aquel que resulta de las convenciones vigentes respecto de dichas oraciones, ya no cabe, a mi juicio, hablar de 'verdad' en el sentido de correspondencia. Pues ¿cuál sería el hecho cuya ocurrencia haría verdadera (o falsa) —siempre en el sentido de correspondencia— la proposición interpretativa? Aquí, me parece, solo cabe hablar de 'verdad', como decía, en el sentido en que 'verdad' equivale a 'justificación racional'. Pues la actividad interpretativa no se orienta, en mi opinión, a descubrir significados que la preexistan, sino a justificar significados que propone adscribir, si bien la justificación de esta adscripción está siempre sujeta a escrutinio, a crítica y a control racionales. ¿Qué piensas tú?

L.F.: Pienso que nuestro disenso consiste, esencialmente, en el hecho de que tenemos dos concepciones distintas de la verdad. Y dado que la definición metateórica de *verdad* es, a mi parecer, una definición estipulativa, no pienso que nuestro desacuerdo sea excesivamente relevante. Yo tengo una concepción restringida de la verdad, y también de la objetividad; tú tienes una concepción amplia, dado que la identificas con la *justificación racional*, que yo considero, por el contrario, como un tipo de razonamiento que incluye, además de los razonamientos deductivos o inductivos, también las argumentaciones racionales que no parten de tesis verdaderas ni concluyen en tesis verdaderas. Pienso, por ello, que también en este asunto podríamos alcanzar un acuerdo sustancial, más allá de las divergencias terminológicas.

Según mi concepción restringida, como he dicho ya en mi respuesta precedente, las únicas tesis de las que es predicable la verdad son las de la lógica, demostrables como verdaderas o como falsas porque son tautológicas respecto de sus premisas, y las proposiciones empíricas de carácter asertivo o descriptivo, verificables o falsables con referencia a un determinado objeto sobre la base de la experiencia. No son, por el contrario, ni verdaderas ni falsas las tesis éticas o los juicios estéticos. Ni siquiera lo son, tampoco, los postulados y las definiciones teóricas de una teoría empírica como es la teoría del Derecho. En *Principia iuris*, por ejemplo, son verdaderas respecto a las premisas todas las 1.679 tesis derivadas como teoremas, directa o indirectamente, de las asunciones primitivas. Pero tales asunciones, es decir, los 16 postulados y las 274 definiciones de la teoría, no son, por el contrario, ni verdaderas ni falsas. Pero estas mismas asunciones se encuentran racionalmente justificadas o motivadas sobre la base de su idoneidad para fundamentar una teoría dotada de la adecuada capacidad explicativa. Es prueba de ello el hecho de que en tantos años consagrados a este trabajo he cambiado cada una de estas 290 asunciones innumerables veces: todas las veces que una asunción se prestaba a hacer derivables tesis que juzgaba inaceptables, o bien, al contrario, a no hacer derivables tesis que juzgaba irrenunciables. Dicho brevemente, no pienso de ningún modo que haya equivalencia entre «verdad» y «justificación racional».

Tus propuestas definitorias afectan a la noción, a mi parecer más amplia que la de verdad, de justificación racional: «Entiendo por objetivismo», escribes, «la posición que sostiene, en primer lugar, que los juicios morales son racionalmente fundamentables o justificables y, en segundo lugar, que la afirmación de que un juicio moral está racionalmente justificado excluye la justificabilidad racional del juicio opuesto», y por «relativismo» la posición que niega, bien la primera, bien la segunda de estas tesis. Pues bien, sobre la base de tus definiciones, diré que soy objetivista en el sentido de la primera parte de tu definición de este término: pienso, en efecto, que los juicios morales están racionalmente justificados, porque resultan derivables de asunciones morales, a su vez argumentables racionalmente de manera no distinta de las asunciones primitivas e indemostradas de una teoría empírica. No soy objetivista, en cambio, en el sentido de la segunda parte de tu misma definición. No pienso, en efecto, que la justificación racional de un juicio moral mío excluya la justificabilidad racional del juicio opuesto sostenido por otros. Por ejemplo, en oposición a mi defensa incondicionada, que he justificado racionalmente muchas veces, de la tesis de la ilegitimidad moral y política de las leyes de excepción que limitan las libertades fundamentales, bien puede sostenerse, sobre la base de justificaciones igualmente racionales, la tesis opuesta de su legitimidad. Pero es claro que en la base de esta divergencia se encuentra el hecho de que mi interlocutor y yo partimos de postulados morales distintos, es decir, de asunciones primitivas ni verdaderas ni falsas: el fundamento último de mi tesis es el principio de inderogabilidad de las libertades fundamentales; el de la tesis opuesta es, por el contrario, el principio de seguridad, o de defensa del Estado, o de la lucha contra el terrorismo o cosas semejantes. Precisamente por esto es por lo que no soy relativista en el sentido de la primera parte de tu definición de relativismo: porque, como acabo de decir, los juicios morales, aunque distintos y a veces opuestos, son de ordinario, a mi parecer, racionalmente justificables. Soy, por el contrario, relativista en el sentido de la segunda parte de tu misma definición, puesto que no pienso que las tesis morales opuestas a las mías no sean justificables racionalmente, sino solo que no lo son respecto a mis asunciones morales primitivas, mientras que bien pueden serlo respecto a las de mi interlocutor.

He aquí, por ello, en respuesta a tu primera pregunta, una posición intermedia entre el relativismo y el objetivismo ético en los dos sentidos en que los entiendes tú: es la posición, que podemos llamar *relativismo racionalista*, de quien, como yo, juzga que la justificación racional que se exige a un juicio moral no siempre entraña la no justificabilidad racional del juicio opuesto, sino que admite la posible justificación de tal juicio a partir de asunciones morales opuestas a las suyas. Solo así, por lo demás, se explican los dilemas morales que aparecen, como tú indicas, cuando varias asunciones morales primitivas están en conflicto entre sí. Los límites de esta posición intermedia, que con tu segunda pregunta me pides que establezca, consisten, por un lado, frente al relativismo emotivista, en la argumentación racional que a mi parecer se exige también para los juicios morales; por otro lado, frente al objetivismo y al cognitivismo éticos, en la negación de la existencia de un objeto moral con referencia al cual las premisas últimas de los juicios éticos puedan ser consideradas verdaderas o falsas y en el reconocimiento, por el contrario, de que tales premisas son solamente más o menos argumentadas o argumentables racionalmente.

Es pues entre estas premisas o asunciones morales primitivas o de base, mucho más que entre sus contingentes juicios morales, entre lo que existe contradicción entre dos personas que disienten. Voy, así, a tu tercera pregunta, relativa al papel del principio de contradicción en materia de juicios racionalmente justificados. Un buen ejemplo de argumentación racional es el que ofrece esta discusión nuestra. Cada uno de nosotros entiende que expresa —y, a mi parecer, ambos expresamos— justificaciones racionales en apoyo de las propias tesis, en conflicto entre sí. Si tú entiendes, por ello, sobre la base de tu definición de objetivismo ético, «que la afirmación de que un juicio moral está racionalmente justificado excluye la justificabilidad racional del juicio opuesto», deberás sostener también (y demostrar) que mis tesis, que están en conflicto con las tuyas, no están racionalmente justificadas. Si entiendes, por el contrario, que mis tesis están racionalmente justificadas, deberás renunciar a tu noción de objetivismo ético. En tal caso, deberemos simplemente reconocer concordantemente que nuestras distintas tesis se basan en distintas asunciones o estipulaciones: las tuyas en una concepción de la verdad como justificación racional y de la justificación racional como verdad; las mías, en una concepción de la verdad más restringida, de la que quedan excluidas, aunque sean racionalmente justificables, las tesis morales, las asunciones teóricas y nuestras mismas definiciones de verdad. La contradicción, en efecto, no es interna a nuestros discursos, es decir, no se da entre nuestras justificaciones y nuestras asunciones, sino entre nuestras asunciones definitorias en materia de verdad (o bien, cuando se trata de juicios morales, entre las diversas asunciones fundamentales subyacentes a los mismos en los diferentes discursos de los dos interlocutores), las cuales son distintas y, aun así, al consistir en estipulaciones, no son ni verdaderas ni falsas sino solo más o menos adecuadas y convincentes. Naturalmente, todo esto no excluye —pero no es nuestro caso— que una justificación pueda ser racionalmente débil o, peor, contradictoria con las asunciones que en ella se estiman justificadas.

En suma, más allá del disenso terminológico sobre el significado de «verdadero» o de «objetivismo ético», tu cognitivismo (y objetivismo) ético coincide sustancialmente con mi anticognitivismo (y antiobjetivismo) ético al juzgar como simplemente «justificables racionalmente» las tesis morales. Dicho esto, no comprendo, a propósito de nuestro disenso terminológico, para qué sirve ampliar más allá de lo debido las nociones de verdad y de objetivismo para poder hablar de «verdades éticas» o de «objetivismo ético». Afortunadamente, nuestro vocabulario es suficientemente rico como para ofrecernos términos diferentes para designar valores distintos de la verdad y más importantes que ella, como los valores morales y políticos de la justicia, de la libertad, de la paz, de la democracia y cosas semejantes. Existen también, por otro lado, valores estéticos: ¿tendría sentido hablar de verdades estéticas, o de cognitivismo estético o de objetivismo estético, o bien, al contrario, de relativismo estético? Ciertamente, no diríamos nunca que los frescos de la Capilla Sixtina de Miguel Ángel o la *Quinta sinfonía* de Beethoven o nuestras opiniones sobre la una o la otra son verdades estéticas o artísticas. Y, sin embargo, esto no nos impide argumentar racionalmente nuestros juicios estéticos sobre su valor artístico.

Nuestro disenso terminológico no es, sin embargo, irrelevante. Un uso tan amplio de los términos «verdadero» y «objetivismo» como el que tú propones, que lo extiende hasta las tesis éticas —además de exponerse a la acusación de intolerancia, justificada por la estigmatización del desacuerdo como error y falsedad— debilita y corre el riesgo, en ocasiones, de volver insostenibles nuestras tesis morales. Tomemos, por ejemplo, el principio de igualdad de los seres humanos. Si justificamos tal principio afirmando que es una tesis objetivamente verdadera, en vez de un principio normativo de justicia ni verdadero ni falso, lo volvemos escasamente defendible. En base a aserciones empíricamente verificables o falsables, en efecto, es posible argumentar racionalmente —como se hizo por el pensamiento clásico, desde Platón y Aristóteles en adelante— mucho más la tesis de la desigualdad que la tesis de la igualdad, la cual, no casualmente, se ha afirmado como una gran conquista civilizatoria gracias a su estipulación como principio normativo de justicia en la Declaración francesa de 1789. Sé bien que tú rechazas justamente estas críticas como inmerecidas, dado que cuando hablas de «verdad» o de «objetividad» de las tesis éticas entiendes su mera «justificación racional», es decir, exactamente lo que yo también entiendo cuando hablo de su fundamento axiológico: en el caso de la igualdad, por ejemplo, la dignidad de la persona como tal, el valor de la paz y de la convivencia pacífica, el de la igual libertad de todos y cosas semejantes. Pero, entonces, ¿por qué debemos dar lugar a semejantes equívocos e incomprensiones fastidiosos?

Hay, finalmente, otra cuestión, la de la verdad jurídica, sobre la cual sostienes que hay entre nosotros un desacuerdo insuperable. A costa de parecerte excesivamente conciliador, pienso que también este disenso es poco más que terminológico. A diferencia de los discursos morales, en efecto, los discursos de la ciencia jurídica positiva y de la jurisdicción tienen un *objeto*, o sea, una referencia empírica, que es el discurso y el lenguaje del legislador, sobre la base del cual las proposiciones normativas son verificables o falsables. Es indudable que si, en el examen de Derecho penal, pregunto a un estudiante qué es el «hurto», y él me responde con la definición de «apropiación indebida», omitiendo decir que el hurto consiste en la sustracción de la cosa hurtada a quien tiene su posesión, diré que su respuesta es falsa porque no corresponde a lo que dice el Código penal.

Al motivar tu disenso en los casos no banales, contrapones a mi concepción de la verdad como «correspondencia», tu concepción de la verdad como «justificación racional». Esta es, de nuevo, la fuente principal de nuestros disensos. Correspondencia y justificación racional —como he sostenido varias veces[36]— son nocio-

---

36. En *Diritto e ragione*, cit., cap. I, § 3, pp. 18-24 [trad. esp., cit., pp. 49-51] y, más ampliamente, en «Note critiche ed autocritiche», en L. Gianformaggio (ed.), *Le ragioni*

nes asimétricas, no contrapuestas sino complementarias entre sí: «correspondencia» es únicamente el *significado* del término «verdadero», que no nos dice nada sobre el *criterio de aceptación* de una tesis como verdadera; «justificación racional», por el contrario, es el *criterio de aceptación* de una tesis como verdadera o como justa, según el tipo de discurso que estemos haciendo, que a su vez no nos dice nada sobre el *significado* del término «verdadero» ni sobre el del término «justo».

Pues bien, es precisamente la «justificación racional» *de la verdad jurídica* lo que interviene en lo que tú llamas los casos menos triviales y más interesantes, y que yo llamo las interpretaciones más opinables a causa de la vaguedad del lenguaje legal y de la consiguiente discrecionalidad de la interpretación. La opinabilidad de tales interpretaciones no excluye, en efecto, su estatuto de proposiciones asertivas, razonablemente aceptables como verdaderas (o refutables como falsas) con referencia empírica a los textos normativos. Siempre, cualquier tesis jurídica, incluso la más aventurada y discutible, se encuentra motivada por un segmento metalingüístico más o menos sobreentendido del tipo «es verdadero que tal artículo, o el conjunto de tales artículos de la ley, dice aquello que decimos con su interpretación». Diré incluso que es precisamente en todos los casos en los que se discute y se controvierte a propósito de la verdad jurídica (como, asimismo, de la verdad fáctica) —piénsese en el carácter contradictorio de los procesos— donde la argumentación tiene su campo de acción privilegiado. Pero los argumentos, en tales casos, no son sobre lo justo o lo injusto, sino sobre la verdad o la falsedad jurídica de tesis que refieren o interpretan lo que dice el Derecho (así como los argumentos en materia de prueba no son sobre lo justo o lo injusto, sino sobre la verdad o la falsedad fácticas de las tesis que afirman lo que ha sucedido). Dicho brevemente, la justificación o argumentación racional interviene tanto en relación con las tesis morales como en relación con las tesis jurídicas: en el primer caso, en apoyo de su *justicia*, con referencia a nuestros valores o principios últimos, ni verdaderos ni falsos; en el segundo caso, en

---

del garantismo, Giappichelli, Turín, 1993, § 2.1, pp. 477-486 [trad. esp. de P. D. Eiroa y N. Guzmán: *Las razones del garantismo. Discutiendo con Luigi Ferrajoli*, Temis, Bogotá, 2008, pp. 496-506].

apoyo de su *verdad*, con referencia a lo que dice, sobre la base de nuestra interpretación, el Derecho positivo.

J.R.M.: Creo que sería bueno que diésemos un giro a nuestra conversación pues, aunque podríamos seguir discutiendo sobre el estatuto de los juicios morales y de los enunciados jurídicos interpretativos —y algo de ello volverá inevitablemente a aparecer— creo que nuestras posiciones al respecto quedan ya, para el lector, suficientemente claras. Te propongo que pasemos a hablar de principios y, especialmente, de principios constitucionales. Y, dentro de ellos, para empezar, de aquellos principios a los que tú te has referido como «principios regulativos», que vienen a coincidir con los que Manolo Atienza y yo mismo hemos llamado «principios en sentido estricto». Me parece que en relación con estos principios hay claros desacuerdos entre nosotros, cosa que quizás no ocurra en el mismo grado en relación con el otro tipo de principios que tú distingues —los principios a los que llamas «directivos» y que Atienza y yo denominábamos «directrices» o «normas programáticas».

Vayamos, pues, a los principios constitucionales «regulativos» o «en sentido estricto». A propósito de ellos, diría que los defensores de la variante de constitucionalismo que tú llamas «principialista» hemos venido a sostener, con unos u otros matices, dos tesis, en relación con la presencia de principios en nuestros textos constitucionales: una tesis descriptiva y otra normativa. La tesis descriptiva es que en nuestras constituciones —pero no solo en ellas; la presencia de principios es característica de los textos constitucionales, pero no exclusiva de ellos— están presentes normas regulativas —los principios— que presentan dos características especialmente salientes: la primera es que la acción ordenada en ellos aparece caracterizada mediante términos que remiten a conceptos con fuerte carga valorativa —tales como libertad, igualdad, honor, intimidad personal, libre desarrollo de la personalidad, no discriminación— sin que aparezcan precisadas las propiedades descriptivas que constituirían, en el sentido de Hare[37], las condiciones de aplicación de tales términos valorativos. Los conceptos a los que remiten esos términos —«conceptos esencialmente controvertidos», en

---

37. R. M. Hare, *The Language of Morals*, Clarendon Press, Oxford, 1952. [Trad. esp. de G. R. Carrió: *El lenguaje de la moral*, UNAM, México, 1975].

la ya clásica terminología de Gallie[38]— se refieren a bienes sociales a los que, como ha escrito en mi opinión muy certeramente Marisa Iglesias, «atribuimos un carácter o estructura compleja», pues «a pesar de que consideramos y valoramos el bien en su conjunto, este tiene diferentes aspectos que pueden relacionarse entre sí de diversas formas»[39]. La segunda característica saliente de estas normas a las que llamamos principios es que las relaciones de prevalencia entre los mismos —por poner el ejemplo más usual, entre la libertad de expresión o de información y el derecho al honor, o a la intimidad personal— no se encuentran predeterminadas en el texto constitucional. Estas dos características de los principios traen consigo el que la aplicabilidad de los mismos exija la elaboración de concepciones que articulen, entre sí y con el conjunto, cada uno de los aspectos del bien complejo al que apunta cada principio y que establezcan, asimismo, sus relaciones de prioridad con los diferentes aspectos de otros bienes asimismo complejos a los que aluden otros principios. Pues bien: no acabo de ver cómo el lenguaje en el que se expresan concepciones de este tipo pudiera entenderse, por decirlo en tus términos, como compuesto por «proposiciones asertivas, razonablemente aceptables como verdaderas (o impugnables como falsas) con referencia empírica a los textos normativos».

La tesis normativa que, con diferencias de acento, defendemos los constitucionalistas principialistas es que es deseable que la dimensión regulativa de las constituciones esté integrada muy centralmente por principios así entendidos. Por lo siguiente: porque, al caracterizar en términos fuertemente valorativos —sin especificar su alcance en términos descriptivos— las acciones ordenadas y al no predeterminar las relaciones de prevalencia entre ellos, una constitución integrada centralmente por principios atiende equilibradamente a dos exigencias, ciertamente en tensión, a las que debe responder el texto constitucional: en primer lugar, sitúa fuera del ámbito de decisiones de política ordinaria, del juego de

---

38. W. B. Gallie, «Essentially Contested Concepts», en *Proceedings of the Aristotelian Society*, vol. 56, 1956.
39. M. Iglesias, «Los conceptos esencialmente controvertidos en la interpretación constitucional», en F. J. Laporta (ed.), *Constitución: problemas filosóficos*, CEPC, Madrid, 2003.

mayorías y minorías, aquellos valores compartidos que conforman el consenso básico de la comunidad política y cuyo respeto opera como límite a los cursos de acción que los poderes públicos pueden legítimamente emprender; en segundo lugar, una constitución así diseñada mantiene abierto el proceso deliberativo —no cierra la deliberación, sino que opera, por así decirlo, como cauce de la misma— y de esta forma evita en gran medida la «tiranía de los muertos sobre los vivos» que se ha reprochado frecuentemente al constitucionalismo rígido.

No parece haber dudas de que tú no aceptas ninguna de las dos tesis anteriores, ni la descriptiva ni la normativa. En cuanto a la tesis descriptiva, tú te has pronunciado claramente en contra de la misma, escribiendo, por ejemplo, en el artículo «Constitucionalismo principialista y constitucionalismo garantista», que «la diferencia entre la mayor parte de los principios y las reglas es [...] una diferencia [...] poco más que de estilo» y que «la mayor parte (si no todos) los principios constitucionales y, en particular, los derechos fundamentales, se comportan como reglas»[40]. Pero esto implica, a mi juicio, cerrar los ojos a los dos rasgos del lenguaje de los principios a los que antes hacía referencia: su carácter fuertemente valorativo y la no predeterminación, para unos u otros conjuntos de circunstancias genéricas, de las relaciones de prevalencia entre principios que resulten concurrentes. Estos dos rasgos impiden, a mi juicio, la asimilación que tú pretendes de los principios constitucionales a las reglas jurídicas ordinarias. Y no vale, creo, como argumento en contra de esto, aludir al hecho innegable de que hay también muchas normas situadas en alguna zona de penumbra entre aquellas que responden estrictamente al modelo de reglas y aquellas otras que responden, no menos estrictamente, al modelo de principios.

En cuanto a la tesis normativa, tú te has pronunciado también con absoluta claridad en su contra. Así, en el mismo artículo al que acabo de hacer referencia, has escrito que «sería oportuno que la cultura iusconstitucionalista, en lugar de asumir como inevitables la indeterminación del lenguaje constitucional y los conflictos entre derechos [...] promoviera el desarrollo de un lenguaje legislativo y constitucional lo más preciso y riguroso posible», has

---

40.. «Costituzionalismo principialista...», cit., § 5, p. 2800 y § 1, p. 2777.

señalado como un defecto «el carácter vago y valorativo de las normas constitucionales», y has concluido que «nada impide el desarrollo de una técnica de formulación de las normas legislativas y constitucionales [...] en un lenguaje lo más simple, claro y preciso posible»[41]. En mi opinión, todo lo que dices en estas citas es suscribible por lo que se refiere a las normas legislativas, pero no lo es por lo que se refiere a las normas constitucionales. Las normas legislativas, en efecto, deben, a mi juicio, proporcionar pautas de resolución de los casos que, en toda la medida posible, no requieran de deliberación por parte del órgano jurisdiccional. Pero la función de las normas constitucionales es, a mi juicio, bien distinta: por su vocación de duración larga, por la dificultad de su modificación, por la necesidad de generar en torno suyo los más amplios consensos, no deben concebirse como destinadas a excluir la deliberación, sino más bien a constituir —como ha escrito, por ejemplo, Josep Aguiló— el terreno compartido a partir del cual «puede construirse una práctica jurídico-política centralmente discursiva o deliberativa»[42].

¿Qué piensas tú de todo esto?

L.F.: Es verdad que hay una coincidencia tendencial, que también yo he destacado, entre mi distinción entre «principios regulativos» y «directrices» y la distinción, tuya y de Manolo, entre «principios en sentido estricto» y «directrices» o «normas programáticas». En cuanto al modo de configurar las directrices, me parece que estamos de acuerdo. Los desacuerdos se presentan a propósito de los otros principios, que vosotros llamáis «en sentido estricto» y que yo he llamado «regulativos» para subrayar que los mismos se transforman en reglas frente a sus violaciones.

Me parece que has expuesto con gran eficacia y claridad —en referencia a esta segunda clase de principios, mucho más importante porque, al menos a mi parecer, entran en ella casi todos los derechos fundamentales— las dos tesis esenciales del constitucionalismo argumentativo o pospositivista o principialista: *a*) la tesis descriptiva con arreglo a la cual en las constituciones existen prin-

---

41. *Ibid.*, § 6, pp. 2814-2815.
42. J. Aguiló, *La Constitución del Estado constitucional*, Palestra-Temis, Lima-Bogotá, 2004, p. 143.

cipios formulados en términos valorativos —como libertad, igualdad, honor y similares— que designan conceptos controvertidos cuyas condiciones de aplicación no son claras, y cuyas relaciones de prevalencia no están predeterminadas por el texto constitucional como es el caso, emblemático, del conflicto entre libertad de información y derecho al honor o a la intimidad; *b*) la tesis normativa de que «es deseable que la dimensión regulativa de las constituciones esté integrada muy centralmente por principios así entendidos», tanto porque la formulación de tales principios en términos fuertemente valorativos sirve para sustraer a las decisiones políticas y a la voluntad de la mayoría esos valores compartidos sobre los que se funda una comunidad política, como porque la misma mantiene abierto el proceso deliberativo, evitando de este modo la «tiranía de los muertos sobre los vivos» que se reprocha habitualmente al constitucionalismo rígido.

Pues bien, no comparto, como dices tú, ninguna de estas dos tesis. A mi parecer, términos vagos y valorativos de aplicación incierta, y concursos de normas sin que esté predeterminada la prevalencia de una u otra están presentes no ya en «zonas de penumbra» o de límite, sino en todo el lenguaje legal, comenzando por el lenguaje en el que están formuladas las reglas penales, que exigiría, sin embargo, el máximo de taxatividad: piénsese en la noción de peligrosidad social, o de culpabilidad o de enfermedad mental, o en figuras delictivas como las injurias, la asociación subversiva o los malos tratos familiares, o en casi todas las circunstancias atenuantes y agravantes, o en las circunstancias eximentes del delito, como la legítima defensa o el estado de necesidad, previstas por normas que no determinan su prevalencia sobre las normas que configuran los delitos sino con términos genéricos y a su vez valorativos, como por ejemplo la «proporción» a la ofensa o al peligro. No reconocer «la asimilación», que tú me reprochas, «de los principios constitucionales a las reglas jurídicas ordinarias» que acabo de mencionar, quiere decir a mi parecer, por usar tus mismas palabras, «cerrar los ojos a los dos rasgos del lenguaje» de las reglas citadas «a los que antes [hacías] referencia: su carácter fuertemente valorativo y la no predeterminación, para unos u otros conjuntos de circunstancias genéricas, de las relaciones de prevalencia» entre reglas «que resulten concurrentes». No comprendo, en efecto, por qué la valoración de la invalidez de una ley por violación del principio constitucional de igualdad o del de libertad de expresión (violaciones, repito, que transforman tales principios en reglas consistentes en la prohibición de discriminación y en la de lesión) comporte nunca una discrecionalidad judicial mayor que la requerida para la valoración de un hecho como injurioso, o de una determinada circunstancia como atenuante, agravante o eximente. Si queremos hablar de «ponderación», me parece más simple y correcto, en ambos casos, afirmar que el objeto de la ponderación son, caso por caso, las connotaciones singulares e irrepetibles de los hechos y de las situaciones juzgadas, que son siempre distintas aun cuando subsumibles en las mismas normas (todo hurto es distinto de cualquier otro, aun cuando todos sean calificables como hurtos; todo caso de legítima defensa es distinto de todos los demás, aunque sean todos cualificables como legítima defensa), y no las normas a aplicar, sean reglas o principios, que, por el contrario, son siempre las mismas. Se trata, en efecto, de lo que en *Diritto e ragione*[43] he llamado la «comprensión» o «connotación equitativa», presente siempre en todo juicio y que exigiría (lo que con frecuencia no sucede) ser cada vez racionalmente argumentada y motivada.

Ahora bien, yo no creo que nuestro desacuerdo sobre las tesis descriptivas sea, por sí solo, muy relevante. Nuestras diversas «descripciones» son únicamente interpretaciones o reconstrucciones distintas de lo que sucede de hecho, independientemente de nuestras teorías. Este desacuerdo nuestro sobre las tesis descriptivas adquiere relieve, sin embargo, a la luz de nuestro desacuerdo sobre las tesis normativas; es decir, sobre el juicio, para ti positivo y para mí negativo, acerca del carácter vago, indeterminado y valorativo de las normas constitucionales: vaguedad e indeterminación que tu tesis normativa, apoyada por la tesis descriptiva, tiende a avalar y a legitimar realistamente e incluso a favorecer, mientras que a mí me parece que la vaguedad y la indeterminación no deben ser de ningún modo alentadas sino, por el contrario, censuradas y reducidas con el uso de un lenguaje lo más taxativo posible, como garantía de la máxima efectividad de los vínculos constitucionales impuestos a la legislación y a la jurisdicción, sobre la que se funda la legitimación política tanto de una como de la otra.

---

43. *Op. cit.*, cap. III, § 11.

Nuestro disenso se traslada, por ello, a las razones de nuestras dos distintas tesis normativas. Tú indicas dos razones en apoyo de tu tesis. La primera es que el carácter vago y valorativo de los principios vale para sustraer las decisiones sobre los valores compartidos en una determinada comunidad a las decisiones de mayorías contingentes. De acuerdo. Observo, sin embargo, que la sustracción al juego de mayorías y minorías de las decisiones interpretativas sobre tales valores, sea cual sea el grado de indeterminación de los principios que los expresan, se encuentra asegurado, todavía más rígidamente, por mi constitucionalismo garantista.

El disenso se reduce, por tanto, a la segunda razón de tu valoración: el hecho de que el constitucionalismo argumentativo o principialista deja abierto el proceso deliberativo tanto en la legislación como en la jurisdicción. Es sobre la distinta valoración —la tuya positiva, la mía negativa— de esta apertura y de los consiguientes espacios de discrecionalidad y a veces de arbitrariedad en lo que consisten en realidad nuestras divergencias. Lo que tú llamas la «tiranía de los muertos sobre los vivos» generada por el constitucionalismo rígido es lo que yo llamo la «normatividad de las constituciones rígidas» que, como tú me confirmas, resulta debilitada por el enfoque principialista.

Pero este es un desacuerdo no ya teórico, sino político, y te confieso que me gustaría que a él se redujeran, en último análisis, también los muchos desacuerdos, a mi parecer excesivamente enfatizados y a veces fruto de incomprensiones, que han emergido en el debate que se está desarrollando en *Doxa* en torno a mi ensayo «Constitucionalismo principialista y constitucionalismo garantista». En breve: tú compartes la tesis de Emmanuel-Joseph Sieyès según la cual una constitución no debe nunca atar las manos de las generaciones futuras, recibida por el artículo 28 de la Constitución francesa de 24 de junio de 1793 («une génération ne peut assujettir à ses lois les générations futures»). Yo, por el contrario, sostengo la tesis opuesta, según la cual las constituciones tienen precisamente el fin de atar las manos a las generaciones presentes en cada momento a fin de impedir, como por desgracia ha sucedido históricamente, que ellas amputen las manos de las generaciones futuras: una tesis tanto más preciosa cuanto más las mayorías contingentes de las generaciones presentes reivindican, como sucede por ejemplo en Italia, su omnipotencia y hacen ostentación de sus inclinaciones anti-constitucionales. Añado que también este desacuerdo nuestro puede redimensionarse: la exigencia, justamente sostenida por ti, de que permanezca abierto y no bloqueado el proceso deliberativo democrático se encuentra satisfecha, a mi parecer, por la mucho más amplia discrecionalidad que hay que reconocer a la función legislativa, y, más en general, a las funciones políticas de gobierno, frente a la función judicial y, más en general, frente a las funciones de garantía. Como he mostrado en *Principia iuris*[44], de la primera se requiere solo el *respeto* (D9.35) de las normas constitucionales, que entraña el poder de decidir todo lo que no está *prohibido* por esas normas, es decir, todo lo que es coherente o compatible con ellas; a la segunda se le exige, además, la *aplicación sustancial* (D9.37) de las normas legislativas o constitucionales, lo que exige su observancia *obligatoria*, es decir, la subsunción en esas normas o correspondencia con ellas del caso juzgado.

En suma, tampoco este desacuerdo político nuestro me parece particularmente relevante. El desacuerdo no debería impedir a cada uno de nosotros reflexionar sobre los aspectos y los efectos negativos de las propias opciones y sobre los aspectos y efectos positivos de las opciones del otro. Quizás sería preciso distinguir caso por caso. Utilizando nuestras dos distinciones entre principios regulativos (o en sentido estricto) y directrices (o normas programáticas), podríamos sostener, en esta perspectiva, la oportunidad de privilegiar la forma de las directrices siempre que se trate de indicar genéricamente las políticas públicas y los objetivos programáticos, por ejemplo el del pleno empleo o el de la reducción de los obstáculos que se oponen de hecho a la igualdad y al desarrollo de la persona. Podríamos, por el contrario, sostener la oportunidad de privilegiar la forma de los principios regulativos en el sentido propuesto por mí (en sustancia, su concepción como reglas, más allá del distinto estilo en el que se encuentran expresados) siempre que tratemos de imponer límites y vínculos a la legislación, aun si acompañados de contra-límites, que queremos que sean rígidos, como por ejemplo los expresados por los derechos fundamentales o por la separación de poderes. ¿Qué piensas, a tu vez, de todo esto?

---

44. PI I, pp. 556-572 [trad. esp., pp. 525-539].

J.R.M.: Creo, desde luego, como tú, que los desacuerdos que, en este orden de cosas, vale la pena discutir no son tanto —aunque también— los que afectan a nuestras descripciones de lo que hay en nuestras constituciones como, sobre todo, los que se refieren a nuestras actitudes hacia ello. Y, a este respecto, creo que entre nosotros hay divergencias que son más de acento que de otra cosa. Pero creo también —y me parece que tú estarás de acuerdo— que hay una diferencia importante, en el tratamiento de los desacuerdos, entre la discusión política, inmediatamente orientada a la acción, y la discusión teórica, en la que, aunque verse sobre propuestas normativas, el avance en nuestra comprensión de las cosas —incluidas esas mismas propuestas— es el valor predominante. Quiero decir que si tú y yo fuésemos dos políticos tratando de sentar las bases de una acción conjunta, probablemente haríamos bien en, tras constatar que nuestras coincidencias son mucho más importantes que nuestras discrepancias, dejar estas de lado para emprender la elaboración —en la que probablemente no se presentaría ningún desacuerdo importante— de, digamos, un programa común. Pero en las discusiones teóricas el asunto es, a mi juicio, diferente: aquí lo que tiene interés —para quienes participan en la discusión y para los eventuales lectores de la misma— es clarificar en la mayor medida posible las respectivas posiciones. Yendo ya a ello, diría que, por lo que se refiere a la relación entre constitución y legislación, la principal diferencia entre nosotros es la siguiente: tú pareces sensible tan solo a la exigencia de que la constitución imponga límites y vínculos efectivos a la legislación, que establezcan con claridad la esfera de lo que el legislador no puede decidir y de lo que el legislador no puede no decidir. Yo, en cambio, entiendo que esta imposición de límites y vínculos es una exigencia importante —esto es, que la constitución debe prevenir el dictado de contenidos legislativos juzgados inaceptables y el no dictado de contenidos legislativos cuya ausencia es juzgada inaceptable—, pero es una exigencia que debe ser cohonestada con otras que están en tensión con ella, especialmente con la exigencia de que no se sustraiga a la política democrática la posibilidad de dar la respuesta que en cada momento aparezca como la deliberativamente mejor a todas aquellas cuestiones que se nos presentan como inevitablemente controvertibles. Y ello, en mi opinión, afecta tanto, aunque de manera distinta, a los principios en sentido estricto como a las directrices.

Empecemos por estas últimas, en relación con las cuales me parece que nuestras discrepancias, de existir, son menores. Es, me parece, perfectamente razonable que las constituciones se limiten a estipular la obligatoriedad de perseguir determinados objetivos colectivos —como, por ejemplo, el pleno empleo o la estabilidad económica— sin prejuzgar cuáles son los cursos de acción (las políticas) más idóneos para obtenerlos y sin prejuzgar tampoco cómo deben articularse entre sí estas políticas, siendo los objetivos, como son, interdependientes: por seguir con los ejemplos mencionados, el pleno empleo puede fomentarse mediante políticas financieras, salariales, comerciales, educativas, fiscales, de función pública, etc.; de otro lado, cierta política financiera podría, de entrada, contribuir a fomentar el pleno empleo pero contribuir también a deteriorar la estabilidad económica y este deterioro podría, a su vez, acabar teniendo efectos negativos sobre el empleo. Pues bien, el que la Constitución se limite a señalar los objetivos sin prejuzgar los medios para alcanzarlos y su articulación recíproca, posibilita el que estas últimas cuestiones se resuelvan mediante el debate democrático y la decisión mayoritaria. Y ello parece perfectamente adecuado en contextos en los que, aun compartiendo los fines, hay fuertes discrepancias en nuestras sociedades, incluyendo a los especialistas, acerca de cuáles son las interdependencias entre los diversos fines y cuáles son las relaciones causales que determinan la idoneidad o no, o la idoneidad mayor o menor, de unas u otras políticas (de unos u otros medios) para procurar estos fines. Implicaría, en este sentido, un acto de soberbia epistémica injustificada el que el constituyente instituyera como vinculante para el legislador el juicio de que son tales políticas, y no tales otras, las más eficaces para lograr unos u otros objetivos colectivos y consiguientemente vinculara a ellas al legislador. Todo ello por no mencionar que la eficacia de unas u otras políticas es, en muchos casos, fuertemente dependiente de rasgos del contexto que se encuentran en situación de mutación permanente, de forma que una política eficaz en el tiempo $t1$ en el que están presentes ciertas circunstancias puede, por haber cambiado dichas circunstancias, devenir en completamente ineficaz en el tiempo $t2$. Pero a este respecto no creo que haya grandes divergencias entre nosotros y estoy de acuerdo contigo cuando dices, en tu intervención precedente, que «en cuanto al modo de configurar las directrices me parece que estamos de acuerdo». Pero, aun no habiendo divergencias grandes, me parece que incluso aquí alguna divergencia hay, que yo situaría en los dos puntos siguientes (por lo demás vinculados entre sí): en primer lugar, creo que tienes cierta tendencia, que yo no comparto, a minusvalorar la importancia de las directrices en los textos constitucionales. Por ejemplo, en «Constitucionalismo principialista y constitucionalismo garantista» escribes que «se trata de normas relativamente marginales». Pero, casi inmediatamente a continuación, admites que deben entenderse como directrices «gran parte de los 'principios rectores de la política social y económica', que es el nombre del capítulo III del título I de la Constitución española»[45]. Bueno, me resulta extraño calificar como «relativamente marginales» a normas que estipulan la obligatoriedad, para los poderes públicos, de orientar su acción hacia objetivos tales como la protección de la familia, la creación de condiciones favorables para el progreso social y económico, el pleno empleo, la estabilidad económica, la protección frente al desempleo o la vejez, la organización y tutela de la salud pública, el acceso universal a la cultura, la protección del medio ambiente y del patrimonio histórico artístico, etc., etc. Si ese conjunto es «relativamente marginal» habría que concluir que todo el programa del Estado social es, constitucionalmente hablando, «relativamente marginal». Y esto, creo, implica una visión distorsionada de una constitución como la española.

El segundo punto de discrepancia entre nosotros, en punto a directrices, es el siguiente: me parece que tú das demasiada importancia a rasgos puramente circunstanciales del lenguaje del constituyente. Quiero decir que, en mi opinión, es frecuente en los textos constitucionales el uso del lenguaje de los derechos, sobre todo en materia de «derechos sociales», con un sentido bastante más laxo que el correspondiente a tu propia teoría de los derechos. De acuerdo con tu teoría, una vez proclamado constitucionalmente un derecho, la no introducción, por parte del legislador, de las garantías primarias y secundarias correspondientes al mismo, implica una violación por omisión de la norma constitucional. Pero la plausibilidad de esta tesis depende, a

---

45.. «Costituzionalismo principialista...», cit., § 5, pp. 2797-2798.

mi juicio, por completo —como tuve ya ocasión de señalar en un trabajo de hace algunos años[46]— de dar por supuesto que el constituyente usa siempre el término 'derecho' con la carga de significado que tú mismo le asignas. Pero dar por supuesto tal cosa obliga a aceptar alguna otra claramente implausible: básicamente, que es conducta usual de las autoridades normativas —el constituyente— la proclamación de derechos a gran escala para a continuación —el legislador ordinario— violarlos por omisión, asimismo a gran escala. Podemos evitar, sin embargo, esta implausible conclusión si entendemos que, en materia de derechos sociales, en numerosas ocasiones el constituyente usa, algo impropiamente, el lenguaje de los derechos para referirse a objetivos colectivos que ordena perseguir: y, de esta forma, que una constitución que proclame el «derecho al trabajo», por ejemplo, quizás no quiera decir algo distinto de lo que dice la Constitución española cuando estipula, en su artículo 40.1, que los poderes públicos «realizarán una política orientada al pleno empleo».

Pero, en todo caso, me parece, como a ti, que nuestras discrepancias más serias se dan en materia de «principios regulativos», en tu terminología, o «principios en sentido estricto», en la que utilizamos Manolo Atienza y yo. En este ámbito, tú te muestras partidario de una concepción de los mismos que los asimila sustancialmente a las reglas; y esto incide en cómo crees que deben ser redactados, en el momento de la elaboración o de la reforma constitucional, o interpretados, en el momento de su aplicación: como estipulando, con la mayor precisión posible, tanto sus condiciones de aplicación como el modelo de conducta prescrito. Pues bien, yo creo, utilizando las palabras de la juez Hufstedler, referidas a las «ambigüedades gloriosas» del *Bill of Rights*, que tal circunstancia «ha hecho posible la determinación y la redeterminación de la doctrina constitucional de manera que satisfaga las necesidades de una sociedad libre, pluralista y en evolución» de forma que «mientras que la precisión ocupa una plaza de honor en la redacción de un Reglamento de la autoridad local de poli-

---

46. M. Atienza y J. Ruiz Manero, «Tres problemas de tres teorías de la validez jurídica», en J. Malem, J. Orozco y R. Vázquez, *La función judicial. Ética y democracia*, Gedisa, Barcelona, 2003.

cía, es mortal cuando se trata de una Constitución que quiere ser viva»[47].

En España, Francisco Tomás y Valiente acuñó la expresión «resistencia constitucional», que no acabó de definir del todo, pero con la que se refería, en sus propias palabras, al «éxito del poder constituyente al haber acertado a elaborar un texto adecuado a la voluntad democrática del momento inicial, pero también dotado de mecanismos técnicos capaces de adaptarlo a las cambiantes preferencias democráticas del pueblo soberano», esto es, a la capacidad de una constitución para «asimilar, sin dejarlas fuera, las distintas expectativas políticas no frontalmente opuestas a su texto y a su sentido sistemático, es decir, a la Constitución como un todo»[48]. Pues bien: uno de los «mecanismos técnicos» más importantes para lograr que la Constitución opere como terreno común compartido es precisamente, me parece, el empleo de esos conceptos esencialmente controvertidos que constituyen, como se ha dicho, la arena en la que tiene lugar la deliberación pública y que exigen, para su operatividad, la elaboración de concepciones de los mismos. Pondré un solo ejemplo: supongamos que, en lugar de la prohibición de penas o tratos inhumanos o degradantes, el constituyente español hubiera prohibido, caracterizándolas descriptivamente, aquellas penas o tratos que él consideraba como constitutivos de trato inhumano o degradante. Pues bien, por fértil que fuera su imaginación, parece claro que no hubiera podido llegar a reunir en un listado todas aquellas penas o tratos que una deliberación adecuada, enfrentada a los problemas que la realidad de las cosas va presentando a lo largo del tiempo, puede hacernos llegar a considerar como inhumanas o degradantes. Creerse capaz de anticipar en términos de propiedades descriptivas todo lo que puede llegar a ser inhumano o degradante es, parece claro, una muestra de soberbia epistémica carente de toda justificación. Esta incapacidad de anticipación resulta todavía más clara en el caso de disposiciones constitucionales de cierta antigüedad. Hoy, por ejemplo, tras *Roe vs. Wade*, es doctrina constitucionalmente

---

47. Tomo la cita de E. García de Enterría, *La Constitución como norma y el tribunal constitucional*, Civitas, Madrid, ³1985, p. 229.
48. F. Tomás y Valiente, «La resistencia constitucional y los valores»: *Doxa* 15-16 (1994), pp. 637 y 639.

aceptada en Estados Unidos que el respeto a la privacidad de la mujer implica el respeto a su decisión de continuar o no con su embarazo, pero parece claro que tal cosa no formaba parte de las convicciones de quienes elaboraron y aprobaron las enmiendas de la Constitución americana que el Tribunal Supremo invocó como respaldo de dicha conclusión.

En definitiva, creo que tú cargas excesivamente (hasta la exclusividad) el acento en la función de la Constitución como establecedora de límites y de vínculos para la legislación; yo, sin negar en absoluto la importancia de tal función, creo que la Constitución debe operar, durante un plazo largo, también como terreno común compartido para la deliberación legislativa (y político-jurídica en general). Deliberación que, según los casos, se orienta hacia determinar cuáles son los medios más idóneos para perseguir los estados de cosas ordenados por las directrices (y aquí el papel central corresponde a los órganos de representación democrática) o hacia determinar qué es lo que los principios constitucionales en sentido estricto exigen y qué relaciones de prevalencia hay, en diversos conjuntos de circunstancias genéricas, entre ellos (y aquí es central el papel de los órganos de control jurisdiccional).

Pero creo que, tras esta larga intervención, me toca ahora cederte la palabra y preguntarte qué piensas tú de todo esto.

L.F.: Me parece que estamos clarificando y, a la vez, delimitando con relativa precisión los términos de nuestro desacuerdo: por un lado, mi defensa firme del papel normativo de las constituciones como sistemas de límites y de vínculos, lo más precisos posible, tanto para la legislación como para la jurisdicción y, por ello, en este sentido, como complemento del Estado de Derecho; por otro lado, tu defensa de una «política democrática» que, aun vinculada por la Constitución a no producir «contenidos legislativos juzgados inaceptables» y a no omitir producir «contenidos legislativos cuya ausencia es juzgada inaceptable», deje sin embargo abierta «la posibilidad de dar la respuesta que en cada momento aparezca como deliberativamente mejor a todas aquellas cuestiones que se nos presentan como inevitablemente controvertibles».

No infravaloro en absoluto esta exigencia tuya, también para mí esencial. Las dos posiciones defendidas por nosotros, sin embargo, no me parecen necesariamente en conflicto entre sí. Como he dicho ya, son conciliables a través de su integración y diré también, con una expresión cara a ti y a los neoconstitucionalistas, de su «ponderación»: utilizando e interpretando como directrices los principios que enuncian objetivos de políticas económicas y sociales y, por el contrario, como reglas o principios regulativos aquellas normas constitucionales, como la mayor parte de las que enuncian derechos fundamentales, que entendemos y que queremos rígidamente vinculantes frente a todos los poderes públicos, de la jurisdicción a la legislación y a la acción de gobierno.

Volvamos por ello a nuestras distinciones: entre los principios que ambos llamamos «directrices» y los que yo llamo «principios regulativos» y Atienza y tú llamáis «principios en sentido estricto». Pero preguntémonos, en este punto, si hay diferencias, y cuáles son, entre estas dos distinciones nuestras. Según vuestra distinción, las «directrices generan razones para la acción de tipo utilitario» y «finalista», mientras que los principios en sentido estricto «operan como razones últimas» o «finales». A vuestro parecer, además, ninguno de ambos tipos de razones son «excluyentes», es decir, ambos son derogables, pudiendo presentarse «razones en sentido contrario dotadas de mayor fuerza»; sin embargo, añadís, las razones últimas expresadas por los principios en sentido estricto son más fuertes que las razones utilitarias expresadas por las directrices, dado que pueden ceder frente a las razones últimas expresadas por otros principios, pero no frente a las razones utilitarias expresadas por las directrices[49].

Mi distinción es distinta; tanto que, más allá de la terminología empleada, pienso, en este punto, que con ella no entendemos en absoluto las mismas cosas. Los principios regulativos, entre los que he incluido todos los derechos fundamentales, se distinguen de las directrices, a mi parecer, porque, a diferencia de estas, tienen un contenido prescriptivo no distinto del de las reglas. Por esto, sobre la base de la noción corriente de regla adoptada por mí en *Principia iuris* (con P7, P8 y T4.13-T4.16), los he llamado «regulativos»: porque su rasgo distintivo consiste, como el de todas las reglas que he llamado «deónticas», precisamente en la formulación de figuras deónticas, como son las facultades, las prohibiciones,

---

49. M. Atienza y J. Ruiz Manero, *Las piezas del Derecho*, cit., cap. I, p. 14; cf. también *ibid.*, pp. 140-141.

las obligaciones y las expectativas negativas y positivas de carácter general y/o abstracto. Precisamente, los principios regulativos que enuncian derechos fundamentales confieren a todos y a cada uno situaciones jurídicas, es decir, «derechos subjetivos», consistentes en expectativas, en ocasiones unidas a facultades, a las que corresponden prohibiciones de lesión u obligaciones de prestación, es decir, lo que he llamado «garantías», a cargo de la esfera pública. Se comportan, en breve, como todas las reglas, es decir, como normas vinculantes. Las directrices, por el contrario, no dan vida a ninguna situación jurídica: piénsese en las normas, que tú acabas de recordar, del capítulo III del título I de la Constitución española, expresamente llamadas «principios rectores de la política social y económica»; o bien en normas como el *incipit* de la Constitución italiana «Italia es una república basada en el trabajo», o en su artículo 3 párrafo segundo, con arreglo al cual «corresponde a la República remover los obstáculos de orden económico y social» que limitan de hecho la libertad o la igualdad de los ciudadanos, o el artículo 9, según el cual «la República promueve el desarrollo de la cultura y la investigación científica y técnica» y «protege el paisaje y el patrimonio histórico y artístico de la Nación». Aunque fundamentales, estas no son reglas porque no disponen ninguna obligación o prohibición determinadas. Ciertamente tienen, como directrices, un valor deóntico más bien débil: como normas programáticas, tal como las habéis llamado vosotros. Pero ciertamente no implican ni exigen ninguna garantía específica.

Pues bien, son únicamente directrices en este sentido, a mi parecer, los principios constitucionales que indican a los poderes públicos determinados fines u objetivos políticos, pero no así los medios para lograrlos, confiados a las opciones de la política. Las directrices que se acaban de poner como ejemplo —como «Italia es una república basada en el trabajo» o «los poderes públicos aseguran la protección social, económica y jurídica de la familia»— consisten, en efecto, no ya en normas deónticas que impongan una determinada conducta y en relación con las cuales, sea, por ello, configurable y censurable su violación, sino precisamente en principios que confían a la política las formas y los medios de su realización y a la valoración política el juicio sobre su no realización. Puede ser que haya empleado una expresión infeliz, por ser fuente de malentendidos, afirmando que estas normas, cuya importancia estoy lejos de infravalorar, son «relativamente marginales». Con esta expresión he tratado de subrayar la relativa marginalidad de tales normas a los únicos fines de la identificación de la *estructura* del paradigma constitucional: el hecho, en otras palabras, de que las mismas no enuncian situaciones jurídicas, no generan figuras deónticas y por ello no imponen límites y vínculos determinados a la acción política y legislativa, idóneos para fundamentar juicios jurídicos y pronunciamientos judiciales de invalidez o de ilegitimidad, por comisión o por omisión, referidos a la legislación ordinaria. Pero esto no quiere decir en absoluto que tales directrices no expresen valores últimos, tanto que probablemente para Atienza y para ti son más bien «principios en sentido estricto». En particular, los artículos 1 y 3, párrafo segundo, de la Constitución italiana han sido justamente concebidos, por la cultura jurídica italiana, como las normas fundamentales del ordenamiento, cuya identidad democrática diseñan. Ni, aún menos, quiere decir que tales directrices sean fórmulas retóricas. Además de fundamentar la identidad de nuestros ordenamientos, de recomendar políticas económicas y sociales y de orientar los juicios políticos, ante todo de los electores, sobre los programas y más tarde sobre la acción de sus representantes, estos principios desarrollan, como todos aquellos que alguna vez llamábamos «principios generales del ordenamiento», un papel central en la argumentación judicial de las interpretaciones que cada vez se asocian a todos los demás enunciados normativos.

Un discurso muy distinto exigen los que Atienza y tú llamáis «principios en sentido estricto» y yo he llamado «principios regulativos». En esta clase de principios —y me parece que también desde este flanco nuestras dos tipologías son divergentes entre sí— entran a mi parecer los derechos fundamentales: los derechos políticos, los derechos civiles, los derechos de libertad y los derechos sociales, es decir, gran parte de la sustancia de lo que he llamado «la esfera de lo indecidible (que y que no)». Los he llamado regulativos, repito, porque ellos, más allá del distinto estilo en el que están formulados, se comportan, como resulta evidente sobre todo frente a sus violaciones, exactamente como las reglas. Se trata, en efecto, de expectativas negativas de no lesión o de expectativas positivas de prestación de carácter general a las que corresponden límites y vínculos, o sea, prohibiciones y obligaciones, es decir, garantías exactamente determinadas, a cargo de la esfera pública. Ciertamente no siempre es fácil determinar con precisión los contra-límites de tales límites y vínculos: por ejemplo, el contra-límite de la intimidad o del buen nombre al principio de la libertad de prensa y de información. Pero no veo por qué no se deba desear y promover la previsión constitucional de estos contra-límites, como, por ejemplo, una menor rigidez de los mismos para los hombres públicos cuando la información sea relevante para hacer valer su responsabilidad política. Ciertamente, además, la formulación de tales contra-límites con palabras como «intimidad» o «buen nombre» admite inevitablemente espacios de discrecionalidad interpretativa; de manera no distinta, por lo demás, de la norma recordada por ti que prohíbe penas o tratos «inhumanos» o «degradantes», esto es, lesiones de la dignidad personal que no tendría sentido especificar, estando su identificación remitida, caso por caso, a la valoración equitativa del juez. Pero esto vale para cualquier norma expresada en términos vagos y valorativos, como es el caso de muchísimas reglas penales, desde las referidas a los delitos de malos tratos o de injurias a las referidas a las circunstancias atenuantes, agravantes o eximentes, para dar cuenta de las cuales no hemos pensado nunca recurrir a la categoría de los principios, como opuesta a la de las reglas.

Nuestras distinciones, en suma, en una amplia parte no coinciden. Vuestra distinción entre principios en sentido estricto que operan como valores últimos y directrices que operan como razones de tipo utilitario parece basarse, principalmente, sobre la mayor importancia de los primeros —que remite inevitablemente a las cambiantes valoraciones de los intérpretes— que justifica su prevalencia sobre las segundas. Mi distinción entre principios regulativos y directrices es, por el contrario, de carácter conceptual. Los primeros —como es el caso de gran parte de los derechos fundamentales, del principio de igualdad, o del rechazo de la guerra— son, en realidad, reglas, en cuanto que dictan figuras deónticas como son los derechos subjetivos y las prohibiciones, por su naturaleza susceptibles de observancia y de inobservancia. Las segundas se limitan, por el contrario, a indicar objetivos políticos sin que sea configurable una violación precisa de los mismos. De esta forma, los que tú o yo consideramos que son valores últimos o supremos, como el trabajo ubicado como fundamento de la República italiana o la protección de la familia, son para mí directrices y para ti, quizás, principios en sentido estricto; mientras que muchos derechos fundamentales, como algunos derechos sociales, que según tú consisten en directrices, según mi distinción son, por el contrario, principios regulativos.

Pero es precisamente mi concepto de derechos fundamentales lo que tú impugnas, retomando una vieja crítica a la que tuve ya ocasión de replicar[50]. Según esa crítica, yo supondría indebidamente que «las autoridades normativas [...] usan siempre el término 'derecho' (subjetivo) con el significado» que yo le asigno[51]. Podría fácilmente responder que cualquier uso de términos teóricos, incluido el tuyo y de Atienza, que se dirija a dar cuenta de nuestro objeto de discurso, que es un objeto lingüístico, supone siempre la convicción de su adherencia o correspondencia con (o capacidad de dar cuenta de) los usos lingüísticos del legislador o del constituyente. En todo caso, vuestra suposición es más arbitraria que la mía, dado que el lenguaje del constituyente no es en absoluto un lenguaje principialista: en él no se habla de «principios de libertad», o de «principio de la salud», o de «principio de la educación», sino de «derechos» de libertad y de «derechos» a la salud o a la educación; no se limita a proclamar principios, sino que confiere derechos fundamentales a las personas. Y te confieso que tu argumento del carácter «implausible» de la «proclamación a gran escala, por parte del constituyente de derechos destinados a ser violados por omisión, asimismo a gran escala, por parte del legislador ordinario» me recuerda el rechazo de Kelsen, que he criticado antes, de la idea misma del *Derecho ilegítimo*; que es la gran novedad generada por la rigidez de las constituciones: el mayor defecto pero también el mayor mérito, como he escrito muchas veces, del Estado constitucional de Derecho.

Es, pues, el significado de la noción de «derechos» lo que debemos discutir. Pues bien, los derechos fundamentales, si los tomamos en serio según la bella fórmula de Dworkin, son con seguridad

---

50. En *Constitucionalismo y teoría del Derecho. Respuesta a Manuel Atienza y a José Juan Moreso*, en L. Ferrajoli, J. J. Moreso y M. Atienza, *La teoría del Derecho en el paradigma constitucional*, Fundación Coloquio Jurídico Europeo, Madrid, 2008, pp. 196-206.

51. M. Atienza y J. Ruiz Manero, «Tres problemas...», cit., p. 93.

configurables como derechos subjetivos, o sea, como expectativas a las que corresponden, por parte de otros, obligaciones o prohibiciones de no lesión o de prestación. Su especificidad respecto a los derechos no fundamentales consiste únicamente en el hecho de que se atribuyen a todos (en cuanto personas, o en cuanto ciudadanos, o en cuanto capaces de obrar, según sus diversos tipos) de forma que a ellos corresponden deberes *erga omnes* a cargo de la esfera pública. Naturalmente, esta es una definición estipulativa, ni verdadera ni falsa, sino solo capaz de dar cuenta de las variadas clases de situaciones jurídicas comúnmente denominadas «derechos subjetivos» o «derechos fundamentales». Pero esto quiere decir que esta definición únicamente puede ser criticada oponiéndole una definición de las mismas palabras dotada de mayor capacidad explicativa.

Naturalmente, añado, no basta con que una constitución use la palabra «derecho» para que se trate de un derecho fundamental. Es necesario, para ello, como para todas las figuras deónticas (según lo que he mostrado con mis tesis T2.2 y T2.3 de *Principia iuris*) que sea configurable y posible, como condición de sentido, tanto su realización como su violación. No tendría sentido, por ejemplo, el derecho a la felicidad o a vivir eternamente. En cuanto al «derecho al trabajo», recordado por ti, es con seguridad, a pesar de su denominación, una directriz —la directriz de políticas dirigidas al pleno empleo— y no un derecho subjetivo, dado que no consiste en una expectativa como garantía de la cual se pueda, en una sociedad capitalista, configurar, frente a alguien, la obligación de procurarle un empleo. Esto no quita, como ya lo he dicho de manera general para las directrices, que el principio del derecho al trabajo sea utilizable como argumento en apoyo de una determinada interpretación: por ejemplo, en apoyo del rechazo de la tesis de la invalidez constitucional de la ley italiana de 1966 que, limitando la autonomía negocial del empleador, exige la existencia de una justa causa para la validez del despido de un trabajador dependiente. En ocasiones, además, nos encontramos frente a normas que ocupan una posición intermedia entre los principios regulativos y las directrices: es el caso del principio de la dignidad de la persona, que ciertamente consideraríamos ambos como un valor último y que por ello es, en tu opinión, un principio en sentido estricto pero que no tiene siempre, a mi parecer, un carácter regulativo, al no ser claramente determinables, en ocasiones, sus violaciones.

Por el contrario, los derechos de libertad son todos ellos expectativas de no lesión a las que corresponden otras tantas prohibiciones suficientemente determinadas. Piénsese solamente en la libertad personal, a la que el artículo 13 de la Constitución italiana declara «inviolable» y rodea de reglas de garantía, hasta tal punto precisas y detalladas que se llega a determinar en «cuarenta y ocho horas» el límite máximo de tiempo dentro del cual las «medidas provisionales» adoptadas por la policía «en casos excepcionales de necesidad y de urgencia, especificados taxativamente en la ley», deben comunicarse «a la autoridad judicial» y a establecer que esas medidas provisionales, si la autoridad judicial «no las confirma en las cuarenta y ocho horas subsiguientes, se considerarán revocadas y no surtirán efecto alguno». Pero igualmente determinadas son las expectativas de prestaciones en las que consisten los derechos sociales y a las que corresponden obligaciones asimismo determinadas: como, por ejemplo, la previsión, en el artículo 34 de la Constitución italiana, de «la enseñanza primaria, que se impartirá por lo menos durante ocho años» por la escuela pública como «obligatoria y gratuita»; o la protección de la salud, prevista por el artículo 32 como «derecho fundamental del individuo», que entraña asimismo la obligación de la asistencia sanitaria a cargo de la esfera pública, con el límite, también unívocamente establecido en el segundo párrafo de que «nadie puede ser obligado a seguir un determinado tratamiento sanitario sino por disposición de una ley», vinculada, a su vez, al «respeto a la persona humana». Naturalmente, permanecen confiadas a la política las opciones operativas en orden a la organización del servicio escolar y del servicio sanitario y a determinar cuántas y cuáles escuelas y hospitales es oportuno establecer en esta o aquella región. Pero esas obligaciones permanecen sin cambios y relativamente unívocas y precisas, sean las que fueren las nuevas enfermedades que se manifiesten en cada momento y las nuevas técnicas terapéuticas que el proceso tecnológico vaya inventando.

Es claro que una concepción semejante de los principios regulativos, mientras que no quita nada a los espacios discrecionales de la política en los medios y formas de su realización, excluye eso que es el rasgo a mi parecer más inaceptable de las teorías neoconstitucionalistas y sobre el que, me parece, no te has pronunciado aquí: el de la derogabilidad, aun si ponderada, de los principios por parte del legislador. Es este el punto de mayor desacuerdo entre nosotros y la principal diferencia entre los que he llamado «constitucionalismo principialista» y «constitucionalismo garantista». A mi parecer, los principios regulativos de rango constitucional, al consistir en figuras deónticas, son rígidamente normativos tanto frente a los espacios de la política y de la legislación, que me parece que son el único aspecto de la cuestión tratado en tu pregunta, como frente a la jurisdicción. Su derogabilidad está, en efecto, excluida por el grado supraordenado de las normas constitucionales respecto a cualquier otra fuente del ordenamiento. Admitirla, como a veces hacen muchos de nuestros colegas neoconstitucionalistas, equivale a invertir la jerarquía de las fuentes y por ello a hacer vana la rigidez de las constituciones.

J.R.M.: Tenía la impresión, antes de recibir tu última respuesta, de que este tema de los principios constitucionales era algo que nuestra conversación debía ya ir dejando atrás. Pero tu última intervención posibilita, me parece, terminar de aclarar y de delimitar nuestros desacuerdos a este respecto. Y como la manera de entender los principios constitucionales es, sin duda, un punto capital en la confrontación entre el constitucionalismo «garantista» y el «principialista», quizás valga la pena que nos detengamos algo más en él.

Dices que los principios que llamas «regulativos» «tienen un contenido prescriptivo no distinto del de las reglas». A mi modo de ver, tienes básicamente razón si por «contenido prescriptivo» se entiende lo que, en tradiciones diversas, se denomina el consecuente, o la solución normativa, o la consecuencia jurídica. El «contenido prescriptivo» o «consecuente» o «solución normativa» o «consecuencia jurídica» de los principios regulativos es, en efecto, el mismo que el de la especie más común de reglas: esto es, una acción modalizada deónticamente como obligatoria, prohibida o permitida. Y es precisamente porque el consecuente de los principios regulativos (o «en sentido estricto»: en este contexto nuestras terminologías parecen intercambiables) es una acción modalizada deónticamente, por lo que los principios regulativos no admiten —a diferencia de las directrices y contra lo que parece pensar

Alexy— modalidades graduables de cumplimiento: al igual que las reglas, los principios regulativos sencillamente se cumplen o se incumplen. Aunque, a mi modo de ver, el uso de conceptos esencialmente controvertidos es característico de la manera como los principios identifican la acción que figura en su consecuente, esa misma acción también puede ser caracterizada en términos muy vagos no solo por normas jurídicas a las que consideraríamos en alguna zona de penumbra entre reglas y principios sino asimismo —como tú dices— por normas jurídicas a las que consideramos claramente reglas. Habría, en todo caso, aquí, una diferencia entre los principios constitucionales y normas penales que, como las que sancionan los malos tratos o las injurias, pones como ejemplo de reglas que se encuentran formuladas en términos asimismo vagos y valorativos. Y la diferencia es que, así como la presencia de términos vagos y valorativos hace defectuosa a la norma penal que los incorpora (pues esa norma penal no cumple con las exigencias de la taxatividad o, como tú prefieres decir, de la estricta legalidad) esa misma presencia de términos vagos y valorativos no constituye de ningún modo, a mi modo de ver, y por las razones que ya expuse, un defecto de los principios constitucionales.

Pero, en todo caso, la diferencia capital entre reglas y principios regulativos se encuentra, en mi opinión, en el «antecedente» («caso» o «condiciones de aplicación», en otras terminologías) de unas y otros. En el caso de las reglas, ese antecedente está configurado por un conjunto de propiedades genéricas que son independientes de las razones que puedan darse a favor o en contra de realizar la acción que figura en el consecuente de la propia regla. Pero, en el caso de los principios, las cosas son bien diferentes: aquí, al no aparecer configurado el antecedente mediante un conjunto de propiedades genéricas independientes, este antecedente no puede reconstruirse más que como apelando al mayor peso que tengan las razones para realizar la acción que figura en el consecuente del principio de que se trate frente al peso que puedan tener las razones para realizar otra(s) accion(es) que figure(n) en el consecuente de otro(s) principio(s). Y esta es la razón de que las reglas puedan ser aplicadas sin necesidad de ponderación y que esa misma ponderación sea ineludible en el caso de la aplicación de principios: si la Constitución no determina, por ejemplo, en qué conjuntos de circunstancias genéricas el derecho al honor o a la intimidad prevalecen frente a la libertad de información, inevitablemente el órgano aplicador —legislativo o jurisdiccional— habrá de «derogar» —por utilizar tus palabras— a uno de ellos en todos aquellos casos en que ambos sean, de entrada, aplicables. Podrá plantearse la cuestión de si una determinada «derogación» es o no correcta —esto es, de si el órgano aplicador ha determinado correctamente o no las relaciones de prevalencia entre principios concurrentes en relación con determinados conjuntos de circunstancias o propiedades—; podrá plantearse, también, la cuestión de cuáles son los criterios de corrección en este ámbito. Pero la «derogación» —por seguir utilizando tu término— de alguno de los principios concurrentes es, a mi juicio, con toda seguridad, inevitable. Y por ello no tiene sentido, me parece, criticar lo que no es sino el reconocimiento de esta necesidad, descalificándolo como el «rasgo más inaceptable de las teorías neoconstitucionalistas».

Dices también que, así como la distinción de Atienza y mía entre «principios en sentido estricto» y «directrices» atiende a la mayor importancia valorativa de los primeros (importancia que, dices, aparece «inevitablemente remitida a las cambiantes valoraciones de los intérpretes»), la tuya entre «principios regulativos» y «directrices» es, «por el contrario, de carácter conceptual». Dicho en breve: a tu juicio, tu distinción sería teórica, mientras que la que trazamos Atienza y yo obedecería exclusivamente a nuestras preferencias valorativas personales. En relación con esto me gustaría poner de relieve, primero, que nuestra distinción es también conceptual; y, segundo, que con esa distinción conceptual se solapa otra, relativa a la importancia valorativa, que no tiene que ver con las simpatías o antipatías de cada cual, sino con opciones valorativas muy básicas incorporadas a nuestros sistemas jurídicos. Trataré de expresar ambas cosas de manera que resulte clara y, también, lo más breve posible. Empezaré por mostrar que la distinción entre principios en sentido estricto y directrices es también para nosotros una distinción «conceptual» o, utilizando nuestra terminología, «estructural». Y ello porque, en nuestra reconstrucción, lo que ordenan en el consecuente unos y otras es distinto: en el caso de los principios en sentido estricto, se trata —como he dicho— de la realización de una acción, mientras que, en el caso de las directrices, se trata de la maximización de un estado de cosas caracterizado por una cierta propiedad graduable que hace referencia a algo que se considera un bien colectivo: por ejemplo, la mayor satisfacción de la demanda de puestos de trabajo, o la situación más próxima a la estabilidad económica, o, por cierto, la mayor protección posible de la familia que, contra lo que dices, es para nosotros una directriz y no un principio en sentido estricto. Precisamente porque la protección de la familia es un estado de cosas que podemos alcanzar en muy diversos grados y mediante cursos de acción (políticas) muy diversas: fiscales, educativas, de régimen matrimonial, de provisión de ciertos bienes públicos, etcétera.

Vayamos ahora a la diferente importancia valorativa que adscribimos a principios en sentido estricto y a directrices. En relación con ello, me parece que hay que partir de lo siguiente[52]: la diferencia decisiva entre que una constitución trate a un cierto bien como asunto de principio o como asunto de directriz viene a ser que, cuando la Constitución considera a un cierto bien como asunto de directriz, lo que exige que entre en línea de cuenta en nuestros juicios correspondientes es el monto global que de ese bien se haya logrado producir, sin atender a los problemas de distribución individualizada. Y ello es lo que entra en línea de cuenta, desde luego, cuando se trata de bienes públicos, que no son susceptibles de distribución individualizada, como un medio ambiente limpio o un patrimonio histórico o artístico adecuadamente conservado. Pero también hacemos juicios de este tipo en relación con bienes que sí resultan susceptibles de distribución individualizada como, por ejemplo, el empleo o el acceso a una vivienda digna y adecuada. Así, juzgaríamos como exitosa una política de empleo que en el lapso, digamos, de una legislatura, lograse reducir la cifra de desempleados del quince por ciento, digamos, al cinco por ciento de la población activa, por mucho que este éxito se distribuyera, desde luego, desigualitariamente, pues dicho cinco por ciento no se beneficiará de él. E igualmente juzgaríamos como exitosa una política de vivienda que en el mismo lapso temporal lograse eliminar una parte sustancial de las infraviviendas existentes, realojando a sus

---

52. Sigo aquí lo ya expuesto en Ruiz Manero, «Principios, objetivos y derechos. Otra vuelta de tuerca»: *Doxa* 28 (2005), y también en Ruiz Manero, «Una tipología de las normas constitucionales», en J. Aguiló, M. Atienza y J. Ruiz Manero, *Fragmentos para una teoría de la Constitución*, Iustel, Madrid, 2007.

ocupantes en viviendas dignas, por mucho que un cierto número de personas continuase residiendo en infraviviendas. Y también, en algunas ocasiones, operamos así en relación con bienes que, como el respeto a la vida o a la integridad física, entendemos que deben ser adscritos a todos por igual. También en relación con este último tipo de bienes valoramos positivamente políticas que logren disminuir significativamente los casos en que tales bienes son lesionados. Por ejemplo, valoraríamos positivamente una política criminal que, en un cierto lapso, lograra disminuir a la mitad los casos de delitos contra la vida, aun cuando siguieran perdiéndose vidas humanas por delitos de este tipo.

En todos estos casos tratamos al bien de que se trate como asunto de directriz. Obsérvese que puede tratarse (*i*) de bienes no susceptibles de ser distribuidos individualizadamente, ni igualitaria ni desigualitariamente, como es el caso del medio ambiente limpio; o bien (*ii*) de bienes susceptibles de ser distribuidos individualizadamente, pero en relación con los cuales el orden jurídico-constitucional solo prescribe la maximización y no un determinado modelo distributivo, como es el caso del empleo; o bien (*iii*) de bienes respecto de los que el orden jurídico-constitucional prescribe la distribución individualizada igualitaria, como es el caso del respeto a la vida.

Cuando, de acuerdo con la Constitución, consideramos que un cierto bien es asunto de principio, ello implica —en constituciones como las nuestras— que dicho bien debe adscribirse individualizada e igualitariamente, esto es, por igual a todos y cada uno. Esto es, consideramos, de acuerdo con la Constitución, como asunto de principio los bienes que, en la tripartición precedente, ocupan el casillero (*iii*). Y lo consideramos como asunto de principio porque entendemos que, de acuerdo con la Constitución, el respeto y la protección al disfrute igual de ese bien por todos y cada uno opera como límite a los cursos de acción admisibles para lograr la maximización de bienes de tipo (*i*), de tipo (*ii*) o del propio tipo (*iii*). Es por ello por lo que afirmar la primacía de los principios sobre las directrices no implica de ningún modo, como se ha insinuado en ocasiones, una orientación ideológica conservadora. Afirmar la primacía de los principios frente a las directrices lo que implica, bien al contrario, es que todos y cada uno de los seres humanos han de ser tratados como iguales en ciertos respectos importantes y que esta exigencia igualitaria prevalece, imponiendo límites, frente al diseño de políticas maximizadoras de cualquier tipo.

En este sentido, un cierto individualismo igualitario —que se traduce en esta primacía de los principios en sentido estricto sobre las directrices— está, a mi juicio, más allá de las opciones ideológicas más o menos conservadoras o más o menos progresistas y forma parte esencial del terreno común compartido por unas y otras opciones. Pero esto no cierra espacio, naturalmente, a la controversia entre opciones conservadoras y opciones progresistas. Y no la cierra porque el terreno común compartido es también la arena en que estas diversas opciones disputan. Las opciones más progresistas insistirán en que la efectividad de la autonomía para todos y cada uno, y especialmente para los más desfavorecidos, implica la necesidad de ampliar el catálogo de bienes cuya adscripción igualitaria consideramos como previa y como límite al diseño de políticas maximizadoras. Las opciones más conservadoras, por el contrario, insistirán en que esta ampliación del catálogo de bienes considerados como asunto de principio, implica la imposición de deberes correlativos, principalmente en forma de impuestos, cuya magnitud resulta inconveniente. Y ello sobre todo porque tal magnitud, además de generar eventualmente mayores posibilidades de corrupción, puede afectar negativamente a la eficiencia económica y, a causa de ello, afectar negativamente también a las posibilidades reales de autonomía, de manera especial de los más desfavorecidos.

De este modo, la distinción entre principios en sentido estricto y directrices no depende, pues, de las simpatías o preferencias de quien traza la distinción sino que refleja, me parece, un rasgo muy básico de la estructura valorativa que subyace a nuestras constituciones y pone de relieve, también, cómo esa estructura valorativa constituye la arena en la que «izquierda» y «derecha» constitucionales disputan.

Una última acotación: dices, en respuesta a mi observación de que quizás supongas indebidamente que el constituyente usa el término «derecho» en el sentido que le adscribe tu propia teoría, que «podría fácilmente responder que cualquier uso de términos teóricos, incluido el tuyo y de Atienza, que se dirija a dar cuenta de nuestro objeto de discurso, que es un objeto lingüístico, supone siempre la convicción de su adherencia o correspondencia con (o capacidad de dar cuenta de) los usos lingüísticos del legislador o del constituyente. Y añades que «en todo caso, vuestra suposición es más arbitraria que la mía, dado que el lenguaje del constituyente no es en absoluto un lenguaje principialista», sino un lenguaje en términos de derechos y, específicamente, de derechos fundamentales. Pues bien: a mí me parece que, precisamente para poder dar cuenta del lenguaje del legislador o del constituyente, el lenguaje del teórico ha de distanciarse algo del lenguaje de esas autoridades normativas, no puede identificarse del todo con él. Y, en este sentido, me parece que el lenguaje de los principios —aunque no coincida del todo con el lenguaje del constituyente— da cuenta —como he tratado de mostrar— de aspectos muy importantes de este último. Por lo demás, me parece claro que tampoco tu uso de la expresión «derechos fundamentales» coincide del todo con el del constituyente: en tu lenguaje, son derechos fundamentales aquellos que se adscriben a todos (en cuanto personas, en cuanto ciudadanos o en cuanto capaces de obrar) *ope constitutionis*. Este concepto tuyo de «derechos fundamentales» ha mostrado ser, a mi juicio, extraordinariamente fecundo, pero es claro que no coincide con el concepto presente en nuestras constituciones, que consideran como fundamentales algunos derechos (como, por ejemplo, en el caso de la Constitución española, los derechos a la cláusula de conciencia y al secreto profesional de los periodistas o el derecho a la libertad de cátedra de los profesores), que claramente se adscriben no a todos, sino a clases determinadas de personas.

Hay otro aspecto de tu concepto de derechos fundamentales que —te ha sido señalado por muchos críticos— tampoco parece encajar con el concepto usado por el constituyente. A diferencia del anterior, este aspecto sí afecta negativamente, a mi juicio, a la capacidad de tu concepto para dar cuenta del papel de los derechos fundamentales en nuestras constituciones, en nuestra cultura jurídica y en tu propia concepción de las tareas de la ciencia del Derecho. Me refiero a la ausencia de referencia, en tu concepto de derechos fundamentales, a que se trata de instrumentos de protección normativa de bienes de la mayor importancia para los seres humanos. Tu concepto puramente formal de derechos fundamentales podría verse satisfecho —como tú mismo has admitido— por derechos de contenido fútil, tales como el derecho a fumar o a ser saludado en la calle por los conocidos de uno. Pero esto, creo, no encaja con lo que proclama una constitución como la española de que los derechos fundamentales son «fundamento del orden político y de la paz social» (art. 10) y no encaja tampoco con la manera en que la noción de derechos fundamentales es usada en nuestra cultura jurídica, en la que parece estar implícita la importancia de los bienes tutelados por tales derechos. Y no parece encajar, finalmente, con tu propia concepción de las tareas de la ciencia del Derecho. Porque tú entiendes —de ello ya hemos hablado en esta conversación— que una de las tareas centrales de la ciencia jurídica es la de poner de manifiesto el contraste entre las promesas (los derechos) constitucionales y su no realización legislativa. Pero ¿qué sentido tendría esta propuesta en relación con derechos fundamentales de contenido fútil? Tú escribes en *Principia iuris*[53] que la ciencia jurídica debe insistir en «el deber de la plenitud y de la coherencia que pesa sobre el legislador, que en última instancia equivale al elemental principio de que el Derecho constitucionalmente establecido debe ser respetado [...] también por los supremos poderes legislativos y de gobierno». Ciertamente, tal «principio elemental» forma parte siempre de las pretensiones de la Constitución, pero ¿por qué los juristas deberían acoger tal pretensión en el caso de constituciones cuyos contenidos fueran valorativamente fútiles, por no hablar de posibles contenidos inicuos?

Más allá de esta última cuestión, supongo que tendrás numerosos puntos de desacuerdo con todo lo anterior, de forma que es ocioso que te formule preguntas específicas. Sí quisiera, sin embargo, adquirir el compromiso de que esta intolerablemente larga intervención fuera, por mi parte, la última en materia de principios y directrices constitucionales, de forma que, tras tu respuesta, nuestra conversación siguiera por otros derroteros.

L.F.: Me parece que nos estamos aproximando a una efectiva clarificación de la cuestión. Para este fin permíteme recordar la tipología de las reglas que he propuesto en *Principia iuris*, y, en particular, la tipología de las reglas (o normas) que he llamado *deónticas* o regulativas (D4.8 y D8.5). A mi parecer, tu caracterización de las reglas sobre la base del hecho de que en ellas, a

---

53. PI I, p. 862 [trad. esp., p. 815].

diferencia de lo que sucede en los principios, está explicitado el antecedente, o sea, el hecho o acto jurídico (el llamado supuesto de hecho) al que se conectan consecuencias jurídicas, refleja solo una de las posibles relaciones instituidas por ellas: la que he llamado relación de *eficacia* (o de causalidad jurídica) de todos los actos (D5.3, T5.41), es decir, la implicación entre el acto normativamente previsto y el efecto producido por él y normativamente predispuesto, y que es de ordinario una situación jurídica, o sea, un deber, o un poder, o un derecho subjetivo. Por lo demás, esta es la única relación de «deber ser» —«si A, entonces (debe ser) B», donde A es el acto y B la sanción— identificada por Kelsen como la forma elemental de la fenomenología normativa.

Pues bien, esta relación es, a mi parecer, inadecuada e insuficiente para dar cuenta de todas las reglas deónticas. Es inadecuada porque la dimensión deóntica, es decir, el «deber ser» (el *Sollen*), reside no ya en el nexo de implicación, que es un nexo lógico veritativo-funcional, sino en las situaciones jurídicas, esto es, en las figuras deónticas que *son* (y no ya deben ser) efecto del acto: el nexo «A → B», en otras palabras, no se da entre dos actos, pues no tiene sentido la implicación de un acto por parte de otro acto, sino entre el acto —por ejemplo un ilícito, pero también un acto negocial, o jurisdiccional, o legislativo— y la figura deóntica que es efecto del mismo, como por ejemplo la responsabilidad, de la que la sanción es actuación, o bien los derechos o poderes o deberes producidos por los actos preceptivos de los que son actuación los correspondientes actos de ejercicio o de cumplimiento o incumplimiento. Es de esta forma como se articulan las reglas que predisponen la eficacia de los actos hipotizados por ellas y que he llamado, por ello, *reglas (y normas) hipotético-deónticas* (D4.7, D8.4): como, por ejemplo, las reglas penales, las cuales, en la hipótesis del delito previsto por ellas, predisponen, como efecto del mismo, la responsabilidad, o sea, la expectativa de una sanción; o las reglas del Código civil que, en la hipótesis de que se celebre un determinado tipo de contrato, predisponen como efecto del mismo determinados derechos y las correlativas obligaciones.

Pero, sobre todo, la relación de eficacia proporciona una representación insuficiente de la fenomenología de las reglas. Existe, en efecto, una segunda relación normativa de implicación, ignorada por Kelsen pero no menos importante: la que he llamado *actuabilidad* (D6.2, T6.38) y que es la relación en la cual el antecedente es la situación jurídica producida como efecto de un acto en virtud de la relación de eficacia, mientras que el consecuente es el acto que es actuación de la misma: por ejemplo, dado un derecho subjetivo, es decir, una expectativa y/o una facultad, o bien una obligación o una prohibición, entonces es posible su actuación, es decir, el ejercicio o el cumplimiento o la violación. Es esta la forma en la que, cuando las situaciones dispuestas son de carácter abstracto o general, se expresan las que he llamado *reglas (y normas) téticas* (D4.6, D8.5): como los letreros «prohibido fumar», «cierren la puerta», o la norma constitucional sobre la libertad de prensa, que tienen por objeto comportamientos previstos abstractamente y se dirigen a clases generales de sujetos. En este sentido, son normas téticas todos los derechos fundamentales, a causa de su carácter universal, es decir, general y abstracto: desde los derechos de libertad, actuados por su ejercicio y garantizados por la prohibición de lesión de los mismos, hasta los derechos sociales, actuados por su satisfacción y garantizados por la obligación de las prestaciones correspondientes.

Estas dos relaciones normativas, eficacia y actuabilidad, están, por otra parte, conectadas entre sí, dando lugar a redes y a secuencias de actos y situaciones capaces de representar la entera fenomenología del Derecho (T6.48-T6.51, T8.81-T8.84, T12.127-T12.128): precisamente, a secuencias tanto de tipo vertical, como la que se expresa en la estructura en grados del ordenamiento, como de tipo horizontal, como la que se expresa en las sucesiones y transferencias en las relaciones de mercado. Por ejemplo, según la secuencia vertical, dada la norma constitucional del ejemplo puesto por ti, relativa al derecho al honor, se puede descender, a través del acto legislativo que es actuación de la misma, a las normas penales sobre la injuria y la calumnia que son efecto del acto legislativo, después a los delitos que son actuación o violación de tales normas, después a la responsabilidad penal que es efecto de tales delitos y, finalmente, a la aplicación de la sanción que es actuación de la responsabilidad penal. Por otro lado, según la secuencia horizontal, dado, por ejemplo, un contrato de compraventa de un inmueble, se puede retroceder en el tiempo al derecho de propiedad del que la venta es ejercicio, después a la compraventa precedente de la que ese derecho fue efecto, después al derecho precedente a cargo de otros sujetos de la que esa venta fue ejercicio, etcétera; o bien se puede avanzar, en el tiempo, al efecto de la transferencia de la propiedad al comprador, que tiene como posible ejercicio un ulterior contrato de compraventa, que tiene como efecto el derecho de propiedad a cargo de otro comprador, etcétera.

He hecho esta larga digresión para mostrar cómo las relaciones de actuabilidad expresadas por reglas téticas que disponen situaciones —como los derechos fundamentales, o la prohibición como delito de la calumnia o la prohibición de aparcamiento de automóviles— no son, por sí mismas, más indeterminadas que las relaciones de eficacia expresadas por reglas hipotéticas que predisponen efectos para los actos previstos por ellas. En ambos casos, en efecto, la determinación de la regla depende por completo de la taxatividad, o sea, de la precisión con que está formulado el comportamiento previsto por ella, que en el caso de la eficacia es su antecedente y en el caso de la actuabilidad es su consecuente. La violación del derecho al honor, por retomar el ejemplo propuesto por ti, no es más indeterminada que la violación de la regla penal que prohíbe como delitos la injuria y la calumnia, configuradas de ordinario en nuestros códigos penales como lesiones del honor; y tanto el derecho al honor como la prohibición de la injuria y de la calumnia, que es la garantía primaria de ese derecho, son ambos límites, por igual dotados de escasa determinación, a la libertad de expresión del pensamiento. Como ya dije en una respuesta anterior, hay equivalencia lógica y equiextensión semántica entre expectativas pasivas (derechos) y modalidades activas (deberes) correspondientes (T2.60-T2.61). Quizás la única diferencia, y en esto estoy de acuerdo contigo, es que mientras que la vaguedad de las normas penales es con seguridad un defecto, porque está en conflicto con el principio de estricta legalidad o de taxatividad penal, esa misma vaguedad no siempre es un defecto en los principios constitucionales. Pero no me parece, al tratarse exactamente del mismo fenómeno, que en el caso del derecho al honor se pueda hablar de ponderación, y eventualmente de derogabilidad de la libertad de expresión, más de lo que se puede hablar, respecto de la misma libertad, en el caso del delito de injurias; o más de lo que se puede hablar de derogabilidad de la norma sobre el homicidio en caso de legítima defensa o estado de necesidad. En todos estos casos tenemos simplemente la concurrencia de una norma especial (el derecho al honor y la prohibición de injurias y, por otro lado, el derecho a la legítima defensa) respecto de una norma general (la libertad de expresión y la prohibición del homicidio). Y la ponderación, si queremos utilizar esta expresión, se refiere, en la que he llamado dimensión equitativa de cualquier juicio, a las connotaciones concretas de los hechos juzgados, siempre distintos los unos de los otros aunque sean subsumibles en las mismas normas, y no ciertamente las normas a aplicar que, por el contrario, son siempre las mismas.

En cuanto a la diferencia entre nuestras distinciones —la mía entre directrices y principios regulativos y la tuya y de Atienza entre directrices y principios en sentido estricto— no he dicho en absoluto que vuestra distinción, al estar referida, en el pasaje vuestro citado por mí, a la mayor importancia de los segundos, remita a vuestras preferencias y valoraciones personales, sino que remite a las preferencias y a las valoraciones de los intérpretes llamados cada vez a decidir. Pero también esto es fruto de un malentendido. No había relacionado, en efecto, esta mayor importancia con las características de las dos clases de normas, y en particular de las directrices, que ya habías ilustrado en parte en tu intervención anterior. La precisión introducida ahora por ti, que fundamenta también vuestra distinción sobre connotaciones conceptuales y estructurales —la «maximización», por su propia naturaleza graduable, de un determinado bien colectivo como objeto de las directrices y la «realización de una acción» como objeto de los principios en sentido estricto— parece aproximar ahora ampliamente nuestras dos distinciones. Digo en seguida que comparto y suscribo enteramente todo lo que dices a propósito de las directrices, cuya clase me parece que coincide con la denotada por mí con la misma palabra. Estimo en mucho las razones, que encuentro muy agudas y convincentes, de la relación de prioridad establecida por ti entre principios en sentido estricto (en los cuales, repito, incluyo los derechos fundamentales) y las directrices. No tengo tampoco nada que objetar a tu caracterización de los principios en sentido estricto como aquellos que protegen de manera igual e individualizada bienes primarios como el respeto a la vida. Pero precisamente por esto continúo sin entender por qué tales principios, que como dices justamente tienen por objeto «la realización de una acción» habrían de comportarse de manera distinta a las reglas.

Queda una última cuestión: la del significado asociado por mí a «derechos fundamentales», de acuerdo con los usos lingüísticos de las constituciones. Ciertamente el lenguaje teórico, como dices tú, puede distanciarse del lenguaje del legislador: pero es oportuno que lo haga solo cuando es necesario o por lo menos útil, es decir, no sin razones apreciables. Mi observación, por lo demás, era solo en respuesta a vuestra crítica según la cual yo supondría indebidamente que las autoridades normativas entienden siempre el término «derechos fundamentales» en el sentido estipulado por mí. Pues bien, diré ahora que solo en el significado puramente formal que yo le asigno —es decir, solo en la definición de tales derechos como derechos de forma universal, sean los que sean sus contenidos, apreciables o no apreciables, importantes o fútiles— la noción teórica (no dogmática, porque no se refiere a ningún ordenamiento específico, ni tampoco filosófico-política) de derechos fundamentales es apta para incluir *todos y solo* los muchos y variados derechos estipulados en las distintas constituciones. Solo si se entiende en este sentido, esa noción es apta, por un lado, para incluir también los derechos cuyo valor no compartimos, como por ejemplo el derecho de los ciudadanos a tener y llevar armas establecido en la segunda enmienda de la Constitución de los Estados Unidos, y, por otro, para excluir, por el contrario, los derechos patrimoniales, como el derecho real de propiedad que, a diferencia del derecho civil de llegar a ser propietario y de intercambiar los bienes de propiedad de uno, no es un derecho universal, sino un derecho singular *excludendi alios*, no es atribuido por normas téticas, sino predispuesto por normas hipotéticas como efecto de actos negociales y no forma la base de la igualdad, sino de la desigualdad jurídica.

A ello obedece la inclusión en la noción de «derechos fundamentales» de derechos que juzgamos fútiles o, peor, inicuos, y que sin embargo están constitucionalmente previstos (como el derecho a llevar armas en la Constitución de los Estados Unidos), que mi definición formal permite y vuestra definición sustancial, por el contrario, no permite. Esto, que a mí me parece una ventaja, a vosotros os parece una desventaja, dado que no os parece aceptable el «elemental principio» de su obligatoriedad, aun si inicua, tanto para la legislación como para la jurisdicción. Aquí se manifiesta, a mi parecer, nuestra distinta concepción del Derecho: para vosotros la conexión necesaria, tendencialmente iusnaturalista, entre Derecho y moral, para mí la separación, estrictamente positivista, entre las dos esferas. Es claro que la iniquidad o, incluso, la futilidad de un derecho fundamental deberá provocar nuestra crítica y, en los casos extremos, incluso justificar, en el plano moral, nuestra desobediencia: pero se tratará, según mis tesis, de una crítica política o externa, y no de una crítica jurídica o interna. Podremos atacar esas normas como moralmente injustas, pero debemos reconocer que, también ellas, son un «fundamento del orden político y de la paz social» —aun si no compartido por nosotros— del ordenamiento del que esas normas forman parte. Es, además, con referencia a nuestros concretos ordenamientos, cuyas constituciones, no casualmente, no contienen más que excepcionalmente derechos fútiles o inicuos, como yo sostengo que la ciencia jurídica tiene el papel crítico y proyectivo de señalar las divergencias deónticas entre el deber ser constitucional y el ser legislativo del Derecho. En cuanto a las normas constitucionales fútiles o inicuas, se podrá proponer interpretaciones restrictivas de las mismas, pero ciertamente no se podrá ignorarlas como inexistentes, dado que «positivamente», por desgraciada, existen. Ese «elemental principio», en efecto, no es otra cosa que el principio iuspositivista de legalidad. Añado una ulterior ventaja de mi definición teórica de derechos fundamentales, formal como todas las definiciones de los conceptos de la teoría: su carácter ideológicamente neutral, que la hace aceptable no solo con referencia a los ordenamientos que contienen derechos fundamentales que juzgamos carentes de valor, sino también de forma independiente de las diversas ideologías, incluida la ideología que rechaza el valor de cualquier derecho fundamental.

Finalmente, una última consideración. En apoyo de vuestra crítica según la cual mi uso de la expresión «derechos fundamentales» como derechos atribuidos a todos en cuanto personas o ciudadanos y/o capaces de obrar no coincide del todo con el uso del constituyente, llamas la atención sobre la presencia, en nuestras constituciones, de derechos fundamentales como la libertad de cátedra de los profesores o el derecho al secreto de los periodistas «que claramente se adscriben no a todos, sino a clases determinadas de personas». No estoy de acuerdo: se trata siempre, en todos estos casos, de derechos de la persona, de forma no distinta a los derechos a la asistencia sanitaria o a la libertad de expresión, que obviamente corresponden a todas las personas en cuanto enfermos o en cuanto escritores o periodistas. Todos, en efecto, pueden llegar a ser profesores o periodistas, o enfermarse y tener necesidad de cuidados. Mientras que no todos son ciudadanos. En cuanto a la capacidad de obrar, todos la adquieren con la mayoría de edad, pero precisamente por eso de ella están excluidos, por su naturaleza, los menores.

J.R.M.: Confieso que, mientras esperaba tu respuesta, me fue entrando cierta inquietud sobre el compromiso, que contraje al final de mi última intervención, de no volver a insistir sobre problemas vinculados a los principios y directrices constitucionales. Y la inquietud se debía a que pensaba que podía encontrarme con que, a partir de tu respuesta, siguiera habiendo, a mi juicio, aspectos de estos problemas respecto de los cuales pudiera ser interesante una ulterior clarificación. Y embarcarme en ello hubiera supuesto, inevitablemente, la ruptura de mi compromiso. Puesto en tal tesitura, no habría podido, como buen principialista, resolver qué hacer más que ponderando, en relación con las circunstancias del caso, el peso que cabría dar al principio según el cual se deben mantener los propios compromisos frente a ese otro principio con arreglo al cual debe procurarse, en las discusiones teóricas, alcanzar el mayor grado de clarificación posible. Y si el primer principio me hubiera obligado a callar en relación con principios y directrices constitucionales, el segundo me hubiera obligado a seguir hablando de ellos. Tendría, en todo caso, que haber dejado de lado (que «haber derogado», en tu terminología) a uno de ellos.

Pero, afortunadamente, la lectura de tu respuesta me ha sacado de todas estas cavilaciones, al permitirme evitar este conflicto de principios. Porque creo, como tú, que se ha producido ya una clarificación casi plena de nuestras respectivas posiciones y de las diferencias entre ellas. Podemos, pues, sin sacrificar principio alguno, introducir un giro en el objeto de nuestra conversación.

Pero aun así, y antes de adentrarnos en ello, me gustaría introducir algunas breves apostillas a tu última intervención. La primera de ellas se refiere al uso del término «derogación», que tú empleas para aludir al dejar de lado un cierto principio, *prima facie* aplicable, en la resolución de un caso y que yo también he usado, entre comillas, al seguir tu terminología para facilitar la comunicación. Me parece, sin embargo, que «derogación» es un término que puede inducir aquí a confusión. Porque, en el uso lingüístico habitual, «derogación» equivale a «pérdida de validez» y los principios, como ya señalaba hace muchos años el primer artículo de Dworkin sobre ellos[54], no pierden su validez por el hecho de ser «superados», «derrotados» o «dejados de lado» en la resolución de un cierto caso. La segunda apostilla tiene que ver con tu tipología de las normas. Me parece que en el juicio que merezca una tipología de las normas deben tenerse en cuenta, entre otros, dos criterios distintos que se encuentran inevitablemente en tensión entre sí. De un lado, una tipología de las normas es tanto mejor cuanto en mayor medida refleje y permita distinguir las diferentes maneras en que el Derecho trata de guiar la conducta y de incidir sobre el razonamiento práctico de los destinatarios de sus normas. Pero, de otro lado, una tipología de las normas es tanto mejor cuanto más económica sea, cuanto más logre lo anterior introduciendo los menos tipos posibles de normas. En este orden de cosas, yo diría que, por ejemplo, la reducción kelseniana de todo el Derecho a un único tipo de normas jurídicas genuinas —las que estipulan sanciones— cumple óptimamente el segundo criterio a costa de sacrificar por completo el primero. Y, en relación con tu tipología, tengo dudas de que su comparativamente escasa economía quede compensada —frente a otras tipologías de, me parece, menor complejidad, como, por ejemplo, la contenida en *Las piezas del Derecho*— por una mayor capacidad para dar cuenta de los rasgos más importantes de las diferentes maneras como unas y otras normas se relacionan con la conducta y el razonamiento práctico de sus destinatarios. Mi tercera apostilla afecta también, indirectamente, a tu tipología de las normas y, de forma directa, a tu defensa de la tesis según la cual los derechos fundamentales se caracterizan porque se adscriben a todos (según los casos, a todas las personas, a todos los ciudadanos o a todos los capaces de obrar). Frente a mi observación de que nuestras constituciones contienen, entre los derechos que denominan fundamentales, algunos que se adscriben a clases determinadas de personas, como la libertad de

---

54. R. Dworkin, «The Model of Rules I», en *Taking Rights Seriously*, Duckworth, London, 1977, pp. 22 ss. [Trad. esp. de M. Guastavino: *Los derechos en serio*, Ariel, Barcelona, 1984].

cátedra de los profesores o el derecho al secreto profesional de los periodistas, tú contestas que estos derechos fundamentales cumplen también la nota de tu definición según la cual se adscriben a todos porque, del mismo modo que todos pueden ponerse enfermos (y serles aplicable, así, el derecho a la asistencia sanitaria), todos pueden llegar a ser profesores o periodistas (y serles aplicables, así, los derechos a la libertad de cátedra o al secreto profesional). Pero me temo que tu respuesta prueba demasiado: también todos los ciudadanos capaces de obrar pueden (en el mismo sentido abstracto) llegar a ser, por ejemplo, presidentes del Gobierno, y, en tal caso, las facultades que se atribuyen al presidente del Gobierno, en virtud de normas constitucionales de las que tú llamas *téticas*, serían otros tantos derechos fundamentales. Riccardo Guastini[55] te formuló hace tiempo una observación muy próxima a esta y, en tu respuesta[56] parecías aceptar que así eran, en efecto, las cosas en tu construcción. Pero ello significa que tu construcción permite un alejamiento de los usos lingüísticos vigentes al que, de nuevo, no veo ventaja alguna.

Mi última apostilla tiene que ver con la calificación que haces de la concepción de los principios constitucionales y de los derechos fundamentales defendida por mí como «tendencialmente iusnaturalista». Tengo la impresión de que ello se apoya en una concepción que entiende «positivismo» e «iusnaturalismo» como posiciones contradictorias: uno sería la negación del otro y, de este modo, la alternativa entre ambos sería ineludible. Yo creo, sin embargo, que «positivismo» e «iusnaturalismo» son posiciones contrarias, y como tales incompatibles entre sí, pero que no agotan en absoluto las posiciones posibles en la teoría del Derecho. Y, en este sentido, entiendo mi propia posición como, desde luego, no positivista, pero no por ello, en absoluto, iusnaturalista.

Es posible que con estas apostillas no haya cumplido del todo mi compromiso de no volver sobre los temas sobre los que andábamos discutiendo. Pero me parece que, en mi descargo, puedo invocar algo así como el principio de insignificancia del que ha-

---

55. R. Guastini, «Tres problemas para Luigi Ferrajoli», en L. Ferrajoli *et al.*, *Los fundamentos de los derechos fundamentales*, Trotta, Madrid, ⁴2009, pp. 60-61.
56. L. Ferrajoli, «Los derechos fundamentales en la teoría del Derecho», en Íd., pp. 154 ss.

blan los penalistas (o, al menos, los penalistas españoles) para justificar la no punición de conductas que, siendo típicas, afectan en ínfima medida al bien jurídico protegido. Si entendemos que aquí el bien jurídico protegido es el no tedio de los lectores, mis apostillas afectan solo tangencialmente a los problemas de los principios y directrices constitucionales y son solo estos problemas, quiero pensar, aquellos respecto de los cuales una mayor insistencia por mi parte resultaba ya claramente intolerable.

Por lo demás, y para impedirme a mí mismo cualquier posibilidad de vuelta atrás, mi compromiso de no volver sobre estas cuestiones adquiere ahora, no la forma principial que —alguien podría pensar— siempre posibilita su elusión mediante la ponderación, sino la forma de una regla absoluta: en todo caso, suceda lo que suceda, contenga lo que contenga tu próxima respuesta a estas apostillas mías, mi siguiente intervención estará dedicada a empezar a preguntarte por tus empeños civiles.

L.F.: Me alegra que hayas derogado (¿o derrotado?) el compromiso asumido por ti en términos de principio de pasar a otro tema, dando mayor peso al principio de una ulterior clarificación en relación con tus cuatro últimas observaciones críticas.

Tu primera observación es de carácter terminológico. En el léxico italiano, las expresiones *derogabilità* [«derogabilidad»] o *derogazione* [«derogación»] se usan, de ordinario, para indicar la prevalencia de la norma derogante sobre la norma derogada, sea porque esta pierde validez, sea, por el contrario, simplemente porque esta no es aplicada o es «dejada de lado». Los términos *derogabilità* y *derogazione* traducen la expresión *derogat* utilizada en los clásicos brocardos latinos con los que se expresan los tres criterios de solución de antinomias: *lex posterior derogat priori, lex superior derogat inferiori, lex specialis derogat generali*. Pierluigi Chiassoni propone el uso de un neologismo: *defettibilità*, que traduce el inglés *defeasibility* y corresponde a vuestra «derrotabilidad»[57]. La cuestión no me parece relevante. Tendencialmente, me parece preferible usar términos ya en uso en la propia lengua, en homenaje al principio de economía justamente invocado por ti. Pero no tengo

---

57. P. Chiassoni, «La defettibilità nel diritto»: *Materiali per una storia della cultura giuridica* 2 (2008), pp. 471-506.

inconveniente en hablar de *defettibilità* [«derrotabilidad»] (*derrotabilità* sería absolutamente incomprensible en italiano) si este término puede resultar menos equívoco.

La segunda cuestión afecta a la tipología de las normas. La kelseniana, en realidad, no es ni siquiera una tipología, dado que, como dices tú, Kelsen reduce «todo el Derecho a un único tipo de normas jurídicas genuinas, las que estipulan sanciones». Se sigue de ello una teoría imperativista de las normas que ignora no solo las normas constitutivas, sino también las distintas conexiones normativas capaces de dar cuenta de la compleja fenomenología del Derecho explicada por mí, como he recordado en la respuesta anterior, con la distinción entre normas téticas y normas hipotéticas. En cuanto a la tipología contenida en *Las piezas del Derecho* es ciertamente interesante en muchos aspectos. Pero se basa principalmente sobre vuestra distinción fuerte entre principios y reglas, sobre la que hemos discutido hasta ahora y que no comparto más que en parte (y esta parte —la caracterización de las directrices y la prevalencia sobre ellas de los principios en sentido estricto, entre los que están los derechos fundamentales— la tendré en cuenta con seguridad en el libro que estoy escribiendo y que titularé *La construcción de la democracia*).

Mi distinción entre normas jurídicas (y aun antes entre reglas en general) téticas e hipotéticas (D4.6, D4.7, D8.3, D8.4, T4.55, T8.21) es, por el contrario, una distinción fundamental, dado que afecta a la distinta estructura lógica del contenido prescriptivo de unas y otras. Cruzándola con la bien conocida distinción entre normas deónticas (o regulativas) y normas constitutivas (D4.8, D4.9, D8.5, D8.6, T4.56, T8.26) se obtienen cuatro clases de normas (T4.57, T8.36): las normas tético-deónticas (T4.58, T8.39), las normas tético-constitutivas (T4.59, T8.41), las normas hipotético-deónticas (T4.60, T8.43) y las normas hipotético-constitutivas (T4.61, T8.45). Las normas téticas disponen inmediatamente situaciones (si son deónticas) o estatus (si son constitutivas): por ejemplo, «prohibido fumar», «todos tienen derecho a la libre expresión de su pensamiento», «el estatus de capaz de obrar se adquiere a la edad de dieciocho años». Las normas hipotéticas, a su vez, por sí mismas no disponen nada, sino que pre-disponen situaciones (si son deónticas) o estatus (si son constitutivas) como efectos de los actos hipotéticamente previstos por ellas: por ejemplo, «por efecto de una venta se produce la obligación del vendedor de entregar la cosa al comprador y la obligación de este de pagar el precio convenido», «si alguno comete un homicidio entonces será castigado con pena no inferior a veintiún años»; «por efecto del matrimonio, dos sujetos adquieren el estatus de cónyuges».

Se trata de una distinción a mi parecer esencial para dar cuenta de múltiples aspectos de la fenomenología del Derecho. Piénsese solamente en la distinta estructura y disciplina normativa de los *derechos fundamentales* y de los *derechos patrimoniales*, los primeros inmediatamente dispuestos por normas téticas (T11.20), los segundos predispuestos por normas hipotéticas como efecto de los actos, por ejemplo negociales, hipotizados por ellas (T11.82); o bien en la diferencia entre normas adscriptivas, sean atributivas o imperativas, que son siempre normas téticas (T8.47, D.8.8, D8.9) y las normas institutivas, que son siempre normas hipotético-constitutivas (T8.50); o bien en la diferencia de estructura entre las *normas primarias*, que disponen inmediatamente o predisponen situaciones como efectos de los actos previstos por ellas, y pueden, por tanto, ser tanto téticas como hipotéticas (T10.244), y las *normas secundarias*, que predisponen sanciones o anulaciones en la hipótesis de violación de las normas primarias y son siempre, por ello, normas hipotéticas (D10.42).

Pues bien, otro problema que la distinción entre normas téticas y normas hipotéticas es capaz de resolver es precisamente la tercera cuestión suscitada por ti (distinta de la suscitada, como has recordado, por Guastini, mucho más parecida a la de los derechos de los profesores y de los periodistas). Si es verdad —dices tú— que los «derechos fundamentales» son los derechos conferidos a todos en cuanto personas y/o ciudadanos y/o capaces de obrar, entonces no solamente la libertad de cátedra de los profesores y el derecho al secreto profesional de los periodistas, sino también «las facultades que se atribuyen al presidente del Gobierno, en virtud de normas constitucionales» de las que yo llamo «*téticas*, serían otros tantos derechos fundamentales».

No es así. En primer lugar porque, en el léxico propuesto en *Principia iuris*, las «facultades» atribuidas al presidente del Gobierno no son derechos subjetivos, esto es, expectativas de prestación o de no lesión correspondientes a los intereses de sus titulares (T10.119), sino poderes, y específicamente funciones públicas atribuidas en interés de otros y, precisamente, en el interés público (T10.45, D11.38). En segundo lugar, porque tales funciones son siempre dispuestas o predispuestas, juntamente con las competencias en las que se insertan, por esas normas particularmente complejas que son las *normas de competencia*. Según la definición D10.11, que simplifico aquí para los fines de nuestro discurso, tales normas son al mismo tiempo *normas tético-constitutivas*, que *disponen* las competencias y las correspondientes funciones de una persona artificial y/o de un órgano de la misma, y *normas hipotético-constitutivas*, que *predisponen* las mismas competencias a cargo de sus funcionarios como efectos de los actos por medio de los cuales estos han sido elegidos o nombrados (T10.92, T10.97). Las normas de la Constitución española que definen las competencias y las correspondientes funciones del presidente del Gobierno son, por ello, normas téticas respecto del órgano constitucional «presidente del Gobierno» (T10.94). Son, por el contrario, normas hipotéticas (y no ya téticas, como escribes tú) en relación con las competencias y las correspondientes funciones contingentemente adquiridas por la persona física de José Luis Rodríguez Zapatero como efecto de su elección para el cargo de presidente del Gobierno (T10.95).

Finalmente, la cuarta y última cuestión: tú impugnas el carácter excluyente y exhaustivo de la oposición entre iuspositivismo e iusnaturalismo, dado que te reconoces en una tercera posición, que es «no positivista» sin ser iusnaturalista. De acuerdo: precisamente por esto he propuesto, en mi ensayo sobre el constitucionalismo ya recordado[58], distinguir entre «constitucionalismo principialista» y «constitucionalismo garantista» antes que entre «constitucionalismo iusnaturalista» y «constitucionalismo positivista». Aun si, como te será fácil comprender, para quien, como yo, sostiene la separación iuspositivista entre Derecho y moral, es difícil no asociar el objetivismo ético, en algún sentido, por mínimo y moderado que sea, de «objetividad moral», a alguna forma de iusnaturalismo.

---

58. L. Ferrajoli, «Costituzionalismo principialista...», cit.

CUESTIONES POLÍTICAS.
DIAGNÓSTICOS Y PROPUESTAS

J.R.M.: Me permitirás, antes de proceder al cambio de tercio en nuestra conversación, una breve acotación respecto de un punto de tu última intervención. Si te he entendido bien, de acuerdo con los esquemas conceptuales de *Principia iuris*, una diferencia entre las posiciones normativas que forman parte de los derechos subjetivos y aquellas otras que forman parte de los poderes públicos reside en que estas últimas se atribuyen para proteger y/o promover intereses distintos de los del propio titular del poder y, específicamente, el interés público. En el caso de los derechos subjetivos, en cambio, el titular del mismo coincidiría con la persona cuyos intereses se trata de proteger y/o promover por medio de las posiciones normativas que integran tales derechos. Pues bien: no hay, a mi juicio, ninguna duda de que las posiciones normativas integrantes de los poderes públicos se configuran y atribuyen, como tú dices, para servir a intereses distintos de los del propio titular del poder (y, específicamente, al interés público) pero otro tanto ocurre, me parece, con muchos derechos subjetivos, como es el caso de los ejemplos que acabamos de mencionar, el derecho a la libertad de cátedra de los profesores o los derechos a la cláusula de conciencia y al secreto profesional de los periodistas. Quiero decir: en el caso de derechos como, por ejemplo, el derecho a no ser torturado, o el derecho a recibir asistencia sanitaria, es claro que el titular del derecho y la persona a la que corresponde el interés cuya tutela justifica la adscripción del derecho son el mismo. Pero la cosa es muy distinta, me parece, en el caso, por limitar a él el ejemplo, del derecho a la cláusula de conciencia del que gozan los periodistas y del que no gozamos todos los demás. Parece que un derecho de este tipo se justifica no porque proteja especialmente la conciencia del periodista —que no parece tener, en cuanto tal, un valor superior al de la conciencia de cualquier otro— sino porque contribuye a maximizar un bien colectivo (un componente, diríamos, del interés público): porque contribuye a que el flujo de informaciones y de opiniones públicamente disponible no se vea disminuido —como escribió hace tiempo Francisco Laporta— «como consecuencia de un condicionamiento económico de carácter personal»[1]. Pero si esto es así, si la identidad entre el titular del derecho y el sujeto del interés cuya tutela justifica aquel no es un rasgo universal de los derechos subjetivos, entonces tal identidad no parece poder usarse para distinguir entre derechos subjetivos y poderes públicos.

Y paso ya al cambio de tercio en nuestra conversación. Tus empeños civiles se han orientado, por una parte, hacia la esfera internacional y, por otra, al ámbito nacional italiano. Empecemos, si te parece, por la esfera internacional. En ella, lo esencial de tus intervenciones —en la línea de lo que Bobbio llamaba *pacifismo jurídico*— se ha desarrollado, me parece, en un doble sentido: en primer lugar, has insistido una y otra vez en un rechazo radical a la guerra como forma de reacción frente a las violaciones, incluso las más inaceptables, del Derecho internacional o de los derechos humanos; en segundo lugar, has insistido otras tantas veces en la necesidad de promover la construcción, y el reconocimiento por parte de los Estados, de instituciones internacionales de garantía que implementaran una suerte de Derecho penal mínimo frente a esas violaciones más intolerables del Derecho y de los derechos.

En relación con lo primero, tu postura se aparta de lo que han sostenido los autores más representativos de la tradición del *pacifismo jurídico* en la que tú mismo te insertas. Pienso en el caso, sobre todo, de Kelsen, pero también en el de tu maestro Bobbio. Para Kelsen, como es sabido, la afirmación de la juridicidad del Derecho internacional depende de la admisión de la teoría del *bellum iustum*: el Derecho internacional tiene carácter jurídico —aunque se trate de un ordenamiento primitivo, al no disponer de órganos

---

1. F. Laporta, «El derecho a informar y sus enemigos»: *Claves de razón práctica* 72 (1997), p.17.

centralizados encargados de la imposición de sanciones— en la medida en que forman parte de él una serie de normas que determinan los casos en los que el ejercicio de la violencia por parte de un Estado sobre otro puede considerarse como aplicación de una sanción: el conjunto de estas normas configura la doctrina del *bellum iustum*. Y Bobbio, tan próximo a ti en tantos aspectos, vio en la primera guerra del Golfo —sobre todo en sus primeros momentos— precisamente la reaparición de la aplicabilidad del concepto de guerra justa.

Pues bien: tu tesis, me parece, es que no puede haber en nuestro tiempo casos de aplicabilidad del concepto de guerra justa. Aduces para ello dos clases de argumentos: argumentos de Derecho internacional y argumentos de moralidad política internacional. Ambos me parecen objetables. Respecto de los argumentos de Derecho internacional, vienen a resumirse, creo, en lo siguiente: la Carta de las Naciones Unidas ha incorporado como principio fundamental la prohibición de la guerra, y ello determina la ilegalidad o ilicitud de cualquier guerra, pues de acuerdo con la Carta no hay *ius ad bellum* bajo ninguna circunstancia. En tu interpretación, de acuerdo con la Carta, el único ejercicio lícito de la fuerza en las relaciones internacionales sería el «empleo de la fuerza» regulado en el capítulo VII de la misma Carta, realizado bajo el control del Consejo de Seguridad y bajo la dirección estratégica del Comité de Estado Mayor. Pero el caso es que tu interpretación de la Carta de la ONU es, claramente, una interpretación no compartida ni por los principales Estados ni por los propios órganos de la ONU, que han autorizado un buen número de operaciones bélicas de características bien distintas a las previstas en el capítulo VII. Y si, como tú mismo has dicho[2], «los fenómenos normativos no son en definitiva otra cosa que significados socialmente compartidos», parece claro que el significado socialmente compartido que se atribuye a las disposiciones de la Carta sobre la guerra es muy distinto del que tú le atribuyes.

Tus argumentos de moralidad política internacional en contra de la admisibilidad de cualquier guerra pueden reconducirse, me parece, a lo siguiente: la guerra contemporánea entre Estados

---

2. «Tribunal Penal Internacional y constitucionalismo global», en *Razones jurídicas del pacifismo*, ed. de G. Pisarello, Trotta, Madrid, 2004, p. 123.

—has escrito— «precisamente por sus intrínsecas características destructivas, no admite hoy justificaciones morales y políticas»[3]. Al hablar de las «intrínsecas características destructivas» de las guerras actuales aludes básicamente a dos circunstancias: primero, a que «al golpear inevitablemente también a las poblaciones civiles, se convierte en una sanción infligida a inocentes, en contraste con el elemental principio de la responsabilidad personal y de la exclusión de responsabilidad por hechos ajenos»; segundo, a que «la guerra ha llegado a ser desmesurada e incontrolable, sujeta inevitablemente a *escalation* hasta la destrucción del adversario, y como tal, desproporcionada a cualquier violación»[4]. Pues bien: de esta tesis me parece que pueden hacerse dos interpretaciones, una correspondiente a lo que podríamos llamar «consecuencialismo del acto» y otra correspondiente, más bien, a un cierto «consecuencialismo de la regla». De acuerdo con la primera interpretación, tu tesis sería que en todo caso real o posible de guerra, los males morales derivados de la misma son necesariamente superiores a los males morales que esta pretenda evitar. Interpretada así, tu tesis es, a mi juicio, claramente implausible: una guerra que excluya las poblaciones civiles como objetivo militar y que ponga y mantenga límites claros a una eventual escalada (y no parece haber nada imposible en una y otra cosa), claramente podría evitar —o al menos no puede excluirse a priori que evite— males mayores de los que podría causar. Bajo la segunda interpretación —la correspondiente al «consecuencialismo de la regla»— tu tesis sería que de la adopción por la comunidad internacional y por los Estados de una regla que prohibiera la guerra en todos los casos se derivarían, a medio y largo plazo, más bienes morales que males. Interpretada así, la tesis tiene, a mi juicio, una gran plausibilidad. Pero ha de enfrentarse al problema de qué hacer cuando la observancia de una regla tal choca con un caso concreto en el que los males que pudiera producir la guerra parecen ser sin duda inferiores a los que esta misma guerra pudiera evitar: un ejemplo de hoy mismo, junio de 2011, es, me parece, el de las operaciones militares en curso contra Gadafi.

3. «Guerra, legitimidad y legalidad. A propósito de la primera guerra del Golfo», en *Razones jurídicas del pacifismo*, cit., p. 31.
4. *Ibid.*

En todo caso, ¿tu tesis corresponde a la primera interpretación o a la segunda?, ¿o quizás rechazas esta alternativa y crees que tu tesis debe ser entendida de alguna tercera forma?

Si te parece, dejo, por ahora, las cosas aquí. Quiero decir que dejo para más adelante el preguntarte sobre el papel cumplido y por cumplir por las instituciones internacionales de garantía y, de manera muy especial, por el Tribunal Penal Internacional.

L.F.: Respondo ante todo a tu primera observación. El rasgo distintivo de los derechos fundamentales, de acuerdo con mi definición, es su carácter universal. Sin embargo, al igual que casi todas las situaciones jurídicas, tales derechos son, casi todos ellos, situaciones complejas y moleculares[5]. Son expectativas universales de no lesión o de las prestaciones correspondientes, como todos los demás derechos subjetivos, a intereses de sus titulares. Pero pueden incluir también facultades, como todas las libertades activas o «libertades de» (D11.13, T11.57), y asimismo poderes, como son todos los derechos de autonomía, tanto civiles como políticos (D11.14, T11.58). Pueden también estar asociados a funciones, como en los ejemplos puestos por ti de la libertad de cátedra, atribuida a quien ejerce funciones docentes, o del derecho al secreto profesional de los periodistas, atribuido en función del interés general en la información.

En todo esto no hay nada de extraordinario. Volvamos al papel desarrollado por la teoría gracias a su carácter formal. La teoría, repito, elabora conceptos: la categoría de los derechos fundamentales, definidos como expectativas universales de no lesión o de prestación (D11.1); el concepto de poder, definido como la situación activa cuyo ejercicio produce efectos en la esfera jurídica de otros (D10.1); el concepto de función, definido como el poder conferido (con la obligación de ejercerlo) en interés de otros (D10.6) y cosas semejantes. Estos conceptos no son alternativos entre sí. Por el contrario, concurren bastante a menudo en la composición molecular de las diversas situaciones. Nada impide, por ello, decir que algunos derechos son *también* poderes, como, por ejemplo, el derecho real de propiedad que incluye, además de la expectativa de no lesión, la facultad de gozar del bien que es objeto del derecho y el poder de enajenarlo por el precio acordado; que otros estén

---

5. PI I, pp. 321-324 [trad. esp., pp. 305-308].

asociados a funciones, como la libertad de cátedra o el poder de los padres, que además del derecho de los padres a educar a los hijos es también, y sobre todo, una función que debe ser ejercida en interés de estos últimos. Se dirá, por ello, en sede de dogmática o de disciplinas jurídicas positivas de un determinado ordenamiento, que un cierto derecho subjetivo es exclusivamente un derecho de libertad (como, por ejemplo, la libertad de conciencia o la inmunidad frente a las torturas), o que es también un poder (como el derecho real de propiedad o los derechos fundamentales de autonomía civil y política), o que es también, y hasta sobre todo, una función (como el derecho-deber de los padres de educar a sus hijos). Y se podrá discutir, en las mismas sedes, si en un derecho es recognoscible también una función, o bien si ese derecho es prevalentemente un derecho fundamental o una función (como en los ejemplos puestos por ti del derecho al secreto profesional de los periodistas o a la libertad de cátedra de los docentes). La teoría nos ofrece el vocabulario teórico, que debe ser lo más preciso posible para que sus términos sean capaces de nombrar, de dar cuenta y de explicar los componentes atómicos de los fenómenos jurídicos denotados y para someter a análisis su composición molecular. Para esto, una buena definición debe ser lo más simple y no redundante posible: debe indicar todas y solo las connotaciones necesarias y suficientes, en ausencia de las cuales no se da, y en presencia de las cuales se da, el *definiendum*. Pero la ubicación de una situación determinada dentro de una de tantas clases o tipos como define la teoría, ha de llevarse a cabo por las disciplinas jurídicas dogmáticas sobre la base de las connotaciones que de esa situación vienen establecidas por el Derecho positivo, o bien por la filosofía política sobre la base de su configuración axiológica, o bien por la sociología del Derecho sobre la base de su interpretación y de su tratamiento de hecho en la práctica jurídica. Una cosa es, en todo caso, cierta: los poderes del presidente del Gobierno, como los de cualquier otro funcionario, no son en ningún caso derechos, entre otras cosas por la incompatibilidad —que he estipulado en las definiciones de 'función', de 'función pública', de 'representación jurídica' y de 'representación política' (D10.6, T10.56, D7.12, T7.74-T7.75, D11.38, D12.4, T11.135 y T11.152)— entre gestión de los intereses públicos y titularidad de intereses privados. Tengo bien clara la triste experiencia italiana.

Pasemos ahora a las cuestiones de teoría de la democracia, comenzando por las que indicas tú que afectan a las relaciones internacionales y en particular a la guerra. Has recordado, a propósito del pacifismo jurídico, las tesis de Kelsen y de Bobbio. Las tesis de Kelsen ofrecen, a mi parecer, un ejemplo típico de la relevancia pragmática de las categorías teóricas. Kelsen, al haber definido el ilícito como un presupuesto de la sanción, está obligado a admitir que, en ausencia de sanciones, la guerra no sería ilícita, y, de ahí, como tú recuerdas, que el único modo de estigmatizarla como ilícita es que se conciba el Derecho internacional como un ordenamiento primitivo en el que la sanción consiste en la propia guerra, con tal de que sea calificada como «justa». Pero esto, me parece, es una contradicción en los términos y una abdicación sustancial del pacifismo jurídico. No es difícil, en efecto —se ha hecho siempre—, justificar cualquier guerra como «justa»: es lo que hizo Estados Unidos con ocasión de la guerra contra Afganistán y de la segunda guerra de Irak, la primera justificada por la tesis de la complicidad de los talibanes con las matanzas del 11 de septiembre de 2001 y la segunda por la tesis de la legítima defensa preventiva frente a las armas de destrucción masiva que se sospechaba estaban en manos de Sadam Hussein.

Si, por el contrario, definimos, más simplemente, el «ilícito» como cualquier comportamiento y, más precisamente, como cualquier «acto informal» prohibido, según la definición propuesta en *Principia iuris* (D9.4), entonces la guerra, al estar prohibida por el Derecho positivo —por la carta de la ONU en el Derecho internacional, y por muchas constituciones estatales, como la italiana, en los ordenamientos nacionales— es, con seguridad, un *acto ilícito*. La falta de las correspondientes sanciones debe por ello considerarse como una *laguna secundaria* (D10.44, D10.48): es decir, como un vicio (D9.23) que consiste en la omisión indebida de la introducción de la garantía secundaria exigida por la prohibición de la guerra. Se trata de una laguna gravísima, que es tarea de la comunidad internacional colmar y que, por otro lado, ha sido ya en parte colmada por el artículo 5, *d*), provisionalmente congelado, del Estatuto del Tribunal Penal Internacional de 17.7.1998.

Pero vayamos a las tesis sostenidas por mí. La frase citada por ti sobre los «significados compartidos» en que consisten los fenómenos normativos se retoma varias veces también en *Principia iuris*[6]. Con esa frase trato de decir que el sistema normativo es un mundo de signos y de significados que opera como Derecho solo si sus significados son, en algún grado y medida, socialmente compartidos. Ahora es difícil no reconocer que la idea de la ilegitimidad de la guerra es compartida a nivel social. Tú también recordarás las imponentes manifestaciones pacifistas a nivel mundial[7], que desembocaron en la jornada del 15 de febrero de 2003 en la que se movilizaron, como escribieron los periódicos, unos ciento diez millones de personas. En todo caso, esa tesis mía afecta a la efectividad, y no a la validez. Admito que mi opinión sobre la ilegitimidad de las llamadas «autorizaciones de la guerra» por parte del Consejo de Seguridad no es compartida por gran parte de los Estados ni por los órganos de la ONU y, precisamente por eso, no es seguida en la práctica internacional. Pero esto no es, en absoluto, una razón suficiente para cambiarla. Es, en todo caso, una razón para sostenerla y para mostrar los fuertes argumentos de Derecho positivo en los que se fundamenta. El principal de estos argumentos es que también el Consejo de Seguridad, en cuanto órgano del ordenamiento de las Naciones Unidas, está subordinado a la Carta de la ONU y puede, por tanto, violarla, como, a mi parecer, hizo cuando autorizó a la OTAN a desencadenar la primera guerra del Golfo. Naturalmente, esta interpretación mía de la Carta es una interpretación opinable, que no fue compartida, como has recordado, por Norberto Bobbio, quien, por el contrario, consideró legítima esa guerra por ser «justa», según el esquema de Kelsen, y a quien, en su momento, expresé mi disenso con una carta abierta publicada en los periódicos. Como sostuve entonces, el Consejo de Seguridad puede acordar, sobre la base de los artículos 42-47 de la Carta, intervenciones armadas bajo la «dirección estratégica» de un Comité de Estado Mayor situado «bajo su autoridad». Pero, ciertamente no puede autorizar en blanco una guerra fuera de su control[8].

Dicho esto, de los dos consecuencialismos que presentas —el «consecuencialismo del acto» y el «consecuencialismo de la

---

6. PI I, pp. 239-241, 446-447, 703-705; PI II, pp. 56, 65-66, 100-103, 609-610 [trad. esp. PI I, pp. 228-230, 424-425, 661-663; PI II, pp. 56, 64-66, 97-100, 586-588].
7. Lo he recordado también en *Razones jurídicas del pacifismo*, cit., p. 68.
8. «Neanche l'Onu può»: *La Rivista del Manifesto* 34 (2002), pp. 20-25.

regla»— me reconozco sin duda en el segundo. La prohibición de la guerra es una regla. Pero el sistema normativo creado por la Carta de la ONU calca, en sustancia, lo propio del Derecho penal: el Consejo de Seguridad debe autorizar la intervención armada prevista en el artículo 42 cuando, como establecen el artículo 1.1, la última parte del artículo 2.7 y los artículos 39 y siguientes, «determina la existencia de una amenaza a la paz, de un quebrantamiento de la paz o de un acto de agresión». Es lo que el Consejo ha autorizado, a mi parecer legítimamente, con la resolución número 1973 de 19 de marzo, precisamente mientras las tropas de Gadafi estaban a punto de entrar en Bengasi y se aprestaban a una masacre. Es claro que la comunidad internacional no podía quedarse mirando: al no haberse instituido el «Comité de Estado Mayor» previsto por el artículo 47, ha utilizado para sus «acciones coercitivas», como le permite el artículo 53, una «organización regional» como la OTAN: limitando la intervención de esta a la única finalidad de la protección de las poblaciones civiles y sometiéndola al control del Secretario General de la ONU. La amenaza de Gadafi —«estamos llegando, no tendremos piedad, os descubriremos casa por casa», transmitida por la televisión y por la prensa— era, en efecto, una clara «amenaza a la paz», absolutamente creíble, dado que seguía a la «violación de la paz» y a las «agresiones» llevadas a cabo ya por él con los bombardeos sobre las muchedumbres de manifestantes de los días anteriores, además de seguir a los horrores de las torturas y de las ejecuciones sumarias en las localidades conquistadas por sus milicias, que habían salido después a la luz. La intervención armada para conjurar la masacre era por ello, en ese momento, un acto debido; de la misma forma en que es debida, en el Derecho interno, la intervención de la fuerza pública como garantía de la vida amenazada por un bandido. No hay que olvidar la resolución 1674 de 2006, que calificó como amenazas a la paz las violaciones más graves de los derechos humanos.

Otra cuestión es la gestión efectiva de la intervención, que se ha hecho en sustancial violación de la resolución número 1973, la cual, repito, tenía como finalidad únicamente la protección de las poblaciones civiles y no, también, la caída de Gadafi. Ciertamente, la permanencia en el poder de un dictador vengativo como Gadafi no habría puesto fin a la amenaza para las poblaciones en rebelión. Sin embargo, una vez impedida la matanza que amenazaba a Bengasi, había que efectuar una tregua, mantener las fuerzas de la OTAN cerca de Libia en funciones de defensa e intentar una solución pacífica al conflicto. Era preciso, por decirlo brevemente, conseguir la neutralización de Gadafi, quizás garantizando a él y a su familia la inmunidad y alguna forma de asilo en algún país dispuesto a acogerlo.

La lección a extraer de todo este episodio es que el único modo de impedir que una intervención de la ONU orientada hacia la paz degenere en una guerra, se pliegue a los intereses de los Estados promotores y sea desacreditada por la sospecha inevitable de su instrumentalización para fines de parte, sería hoy, finalmente, la actuación que hasta ahora falta del capítulo VII de la Carta de la ONU. Se trata de colmar la que, como ya he dicho, es una *laguna* cada vez más insostenible, a través de la institución estable, en interés de todos, de la fuerza armada «a disposición del Consejo de Seguridad» prevista por el artículo 43 y del «Comité de Estado Mayor» previsto por el artículo 47 «bajo la autoridad» del mismo Consejo «para el mantenimiento de la paz y de la seguridad internacional, el empleo y el mando de las fuerzas puestas a su disposición». La guerra actual en Libia podría proporcionar la ocasión, por lo menos a las potencias que no parece que tuvieran ningún interés en la intervención, como Rusia y China (que bien habrían podido poner el veto a la resolución 1973 y haber salvado a Gadafi a cambio de lucrativos negocios petrolíferos) para obtener este salto cualitativo en la regulación de las relaciones internacionales. Tendríamos así, finalmente, un órgano tercero, mucho más creíble como fuerza de policía y como garante de la paz que cualquier coalición de Estados miembros.

J.R.M.: Pasemos ahora, si te parece, a ocuparnos de las instituciones internacionales de garantía y, muy especialmente, del Tribunal Penal Internacional. Tú siempre has insistido, en mi opinión con entera razón, en que, en el plano internacional, «más que funciones e instituciones de gobierno que tienen que ver con la esfera de la discrecionalidad política y que, por tanto, deben permanecer en la mayor medida posible como competencia de los Estados nacionales y confiarse a las formas de la democracia política, hacen falta funciones e instituciones de garantía»[9]. Las funciones e instituciones de garantía más básicas parecen ser las destinadas a reaccionar frente a las violaciones más graves de los derechos humanos. Y, «desde esta perspectiva», has indicado tú mismo, «el acontecimiento más importante ha sido la entrada en funcionamiento, en julio de 2002, del Tribunal Penal Internacional»[10]. ¿Cómo valoras su desempeño desde entonces? Por otro lado, el éxito que supuso la instauración del Tribunal no se ha visto seguido de un éxito semejante en cuanto al reconocimiento del mismo: las principales potencias (USA, Rusia, China, India) siguen sin ser partes de él y lo mismo ocurre con ese país, Israel, que constituye, en tantos aspectos —positivos y negativos— una singularidad. A tu juicio ¿en qué medida el que las grandes potencias rehúsen entrar en el juego del TPI va a condicionar la capacidad del mismo para operar eficazmente en algunos de los casos más relevantes que, para cumplir adecuadamente su misión, debería corresponderle enjuiciar?

Quería preguntarte también por la posición que, en torno al Tribunal Penal Internacional como manifestación de una ideología de *globalismo jurídico* que rechaza, ha expresado Danilo Zolo. Danilo Zolo es un profesor italiano de filosofía del Derecho, formado en el mismo ambiente cultural y académico que tú y con el que has tenido vínculos muy fuertes, hasta el punto de que en 1978 publicasteis un libro conjunto, *Democrazia autoritaria e capitalismo maturo*[11], que tuvo una influencia no desdeñable en España entre la gente de mi generación. Pues bien: en opinión de Zolo, urge ahora elaborar «una teoría del Derecho y de las instituciones internacionales que se oponga al ambiguo idealismo iusglobalista e iuspacifista [...], que alerte contra las universalizaciones cosmopolitas, contra la pretensión ilustrada de que instituciones internacionales 'deslocalizadas' no referidas al particularismo de ámbitos geopolíticos determinados— están en disposición de

---

9. «¿Es posible una democracia sin Estado?», en *Razones jurídicas del pacifismo*, Trotta, Madrid, 2004, pp. 146-147; en el mismo sentido, PI I, pp. 875 ss.; PI II, pp. 548 ss. [trad. esp., PI I, pp. 827 ss.; PI II, pp. 531 ss.].
10. «¿Es posible una democracia sin Estado?», cit., p. 147.
11. L. Ferrajoli y D. Zolo, *Democrazia autoritaria e capitalismo maturo*, Feltrinelli, Milán, 1978. [Trad. esp. de P. Andrés Ibáñez: *Democracia autoritaria y capitalismo maduro*, El Viejo Topo, Barcelona, 1980].

entrar en conflicto con la ordenación existente del poder internacional y de condicionarla»[12]. En relación con las «instituciones universalistas» no podría hacerse otra cosa, en opinión de Zolo, más que constatar «su impotencia» y, tras ello, orientarse en el sentido de «revalorizar la negociación multilateral entre los Estados conforme a la experiencia consolidada de los 'regímenes internacionales', que operan fuera de cualquier estructuración jerárquica y centralista del poder internacional»[13]. La expresión 'regímenes internacionales' alude, en este contexto —explica Zolo[14]—, a conjuntos de normas y procedimientos de adopción de decisiones, implícitos o explícitos, en torno a los cuales se produce una convergencia de expectativas de los actores en un área determinada de las relaciones internacionales (como es el caso del comercio internacional, el sistema cambiario, la pesca oceánica, la investigación espacial, la meteorología o la regulación de las actividades humanas en la Antártida). Estos conjuntos de normas y de procedimientos son generados a través de la negociación multilateral que viene a ser —indica Zolo— «una fuente descentralizada de producción y aplicación del Derecho, que es eficaz pese a la ausencia de funciones normativas y jurisdiccionales centralizadas»[15]. Estos «regímenes internacionales» marcan la vía en la que, en opinión de Zolo, habría que orientar los esfuerzos: en una vía, pues, justamente opuesta a la que ejemplifica emblemáticamente el Tribunal Penal Internacional. Pero lo que yo me pregunto es en qué medida ambas vías —la de las instituciones supranacionales con competencias de creación y aplicación autoritativa de normas y la vía más cooperativa, informal y multilateral de los «regímenes internacionales»— son incompatibles entre sí. Digamos que, en este ámbito, yo optaría por una posición ecléctica o, por decirlo de la manera menos prestigiosa posible, *irenista*: me sentiría inclinado a pensar que son perfectamente compatibles y que probablemente son también, cada una de ellas, apropiadas en ámbitos distintos. Para reaccionar eficazmente en materia de genocidio, crímenes con-

---

12. D. Zolo, *Los señores de la paz. Una crítica del globalismo jurídico*, Dykinson, Madrid, 2005, p. 13.
13. *Ibid.*, p. 14.
14. *Ibid.*, p. 129.
15. *Ibid.*

tra la humanidad o crímenes de guerra —es decir, en todas aquellas materias para las que resulta apropiada una respuesta penal internacional— no parece haber, a mi juicio, otra vía razonablemente disponible que la de las instituciones centralizadas o, como dice Zolo, «deslocalizadas». En aquellas otras materias en las que, aun habiendo conflicto, hay también una cierta comunidad de intereses —o, si se prefiere decirlo así, una cierta unidad de fines— entre los actores involucrados, seguramente la vía de los «regímenes internacionales» resulta apropiada. ¿Qué piensas tú? Y, en general, ¿qué opinión te merece la crítica de Zolo al «globalismo» o «pacifismo» jurídicos?

L.F.: Ciertamente, el establecimiento del Tribunal Penal Internacional ha sido, desde el punto de vista jurídico e institucional, un acontecimiento de enorme importancia. Al menos en el plano normativo, ese establecimiento ha puesto fin a la impunidad para los crímenes contra la humanidad, reivindicada siempre por los gobernantes al amparo de la soberanía estatal. Ha representado, por ello, la primera afirmación significativa de la primacía de la ley también en el Derecho internacional. Sin embargo, el balance de la actividad del Tribunal en estos primeros años es desolador: en primer lugar por los límites de su competencia, dado que su estatuto, como has recordado, no ha sido ratificado por las mayores potencias; en segundo lugar, por su escasa capacidad de iniciativa, que se limita hasta hoy únicamente a los crímenes, si bien gravísimos, cometidos por gobernantes de potencias absolutamente menores. No debemos sorprendernos, sin embargo, de tales retrasos e ineficiencias. La transformación del Derecho internacional de sistema pactado de tratados bilaterales en un ordenamiento sometido al Derecho es un proceso de alcance epocal, que sería ilusorio pensar que se pueda desarrollar en pocos años. Se han requerido dos o tres siglos para construir nuestros frágiles Estados de Derecho nacionales. No podemos pensar, realistamente, que un fenómeno análogo a nivel planetario exija tiempos mucho más breves.

A propósito del Derecho internacional quiero añadir otro orden de consideraciones. Como has recordado, para la finalidad de construir un orden internacional garante de la paz y de los derechos fundamentales, mucho más importantes que las funciones políticas de gobierno, que está bien que sigan siendo en la mayor medida posible competencia de los Estados, son las funciones y las instituciones de garantía. Pues bien, entre las instituciones de garantía —a mi parecer todavía más importantes y urgentes que el mismo Tribunal Penal Internacional, que es una institución judicial y entra, por ello, entre las que he llamado «instituciones de garantía secundaria» (D12.18, D12.14)— son las que he llamado «instituciones de garantía primaria» (D12.17, D12.13), porque están destinadas a las funciones de garantía primaria de los derechos fundamentales establecidos en las muchas cartas internacionales. Frente a la enormidad y la gravedad de los problemas planetarios —el calentamiento global, la contaminación de los mares y otras formas de destrucción del ambiente, la gran criminalidad transnacional, el hambre, la sed y las enfermedades no cuidadas de miles de millones de seres humanos, y los muchos millones de muertos provocados cada año por estas emergencias— lo que hoy es más necesario y urgente es la creación de funciones e instituciones de garantía primaria: en primer lugar, de los muchos derechos fundamentales, de libertad y sociales, proclamados en tantas declaraciones, convenciones y pactos internacionales; en segundo lugar, de los que he llamado «bienes fundamentales» (D11.28-D11.31) y que exigirían que se les sustrajera de las lógicas del mercado a través de su codificación en una Carta específica.

La ausencia de estas garantías, positivamente exigidas, al menos por lo que se refiere a los derechos internacionalmente estipulados, por los que he llamado *principia iuris tantum* de la coherencia y de la completitud, representa hoy la verdadera y dramática *laguna* en el sentido definido por mí (D10.44-D10.48): como vicio por omisión que vuelve inaplicables y por ello inefectivas, destinándolas al descrédito, las normas existentes de Derecho positivo por las que esos derechos se han establecido (T10.268-T10.277). Se trata, por ello, de reformar radicalmente las actuales instituciones internacionales de garantía primaria, como la Organización Mundial de la Salud y la FAO, a las que habría que dotar de medios financieros y de poderes de intervención y, por otro lado, las instituciones financieras hoy controladas, en beneficio de sus intereses, por los países más ricos, como el Fondo Monetario y el Banco Mundial, a los que habría que restituir a las funciones originarias que les fueron asignadas, en 1944, por su más ilustre inspirador, John Maynard Keynes: además de la promoción de la libre circulación mundial de bienes, servicios y capitales y de la estabilidad de los cambios monetarios, la garantía del máximo número de empleos y del desarrollo económico de los países más pobres. Pero se trata, sobre todo, de crear instituciones de garantía enteramente nuevas: además de la actuación del capítulo VII de la Carta de la ONU sobre el uso de la fuerza como garantía de la paz, de lo que he hablado en la respuesta anterior, las instituciones de garantía en tema de ambiente, de crimen organizado, de distribución del agua y de fármacos vitales y cosas semejantes. Añado que estas instituciones de garantía primaria no solo son más importantes que las instituciones internacionales de gobierno, comenzando por el Consejo de Seguridad, cuya reforma en sentido democrático es obviamente deseable. Son también instituciones cuya legitimación política es, en el plano teórico, más simple y menos problemática que la de las instituciones de gobierno. Su legitimación, en efecto, no es, como la de las instituciones de gobierno, de tipo político y representativo, con los enormes problemas ligados a un hipotético e improbable sufragio electoral planetario. Su justificación es de tipo legal y garantista, y consiste simplemente en la aplicación, para garantía de todos, del Derecho y de los derechos existentes.

Está claro que todo lo que he dicho hasta ahora es diametralmente opuesto, como has señalado justamente, a las tesis que, desde hace muchos años, sostiene mi viejo y querido amigo Danilo Zolo. De Zolo me separan, en las cuestiones de teoría y filosofía del Derecho internacional, disensos profundos. Varias veces, y últimamente en *Principia iuris*[16], he sostenido que el universalismo de los derechos incluido en mi definición (D11.1) no tiene nada que ver con el universalismo criticado por él, es decir, con la idea de su «universalidad objetiva» o con la pretensión de que sean «universalmente compartidos», y consiste solamente en un universalismo de tipo lógico, esto es, en la cuantificación universal de los sujetos a los que se confieren esos derechos en base a su simple estatus de personas o de capaces de obrar. En este sentido, los derechos fundamentales no son otra cosa más que el contenido del principio de igualdad: «les hommes», dice el primer artículo de la *Déclaration* de 1789, «naissent et demeurent libres et égaux en droits», que claramente son los derechos fundamentales, y ciertamente no

---

16. PI II, § 16.18, pp. 567-572 [trad. esp., pp. 548-553].

los derechos patrimoniales, en los que, por el contrario, todos somos desiguales. Pero Zolo prefiere atacar el blanco fácil representado por la concepción de los que llama «Western Globalists», y que se prestan mejor a la acusación de «imperialismo cultural», dado que estos, de ordinario, entienden que esos derechos son objetivamente universales o bien pretenden que deben ser universalmente compartidos por todos, más allá de tantas diferencias culturales. Es, además, evidente que en coherencia con estas tesis Zolo es también contrario a la jurisdicción penal internacional como garantía secundaria de tales derechos y, más en general, a la que llama «estructuración jerárquica y centralista del poder internacional», y que no es otra cosa que la jerarquía de las fuentes y el sistema de garantías multinivel exigidos por la (para mí) deseable extensión al Derecho internacional del paradigma constitucional.

Dicho esto, estoy perfectamente de acuerdo contigo sobre la complejidad estructural de una futura democracia cosmopolita, que requiere una mezcla de funciones de gobierno y de funciones de garantía, de aparatos verticales y de técnicas de *governance*, de instituciones centralizadas y de relaciones de subsidiariedad, y también de formas de cooperación horizontal y de negociación multipolar como las auspiciadas por Zolo. Lo que es cierto, sin embargo, es que la garantía de la paz y de los derechos, en un mundo cada vez más integrado e interdependiente y cada vez, al mismo tiempo, más frágil y violento, exige el establecimiento de muchos «terceros» hoy «ausentes», por usar la expresión de Norberto Bobbio, y, por ello, una compleja articulación institucional que no puede excluir la creación de instituciones globales centralizadas a la altura de los grandes desafíos y gigantescos problemas globales, comenzando por el monopolio, o, por lo menos, por alguna forma de centralización internacional del uso legítimo de la fuerza. En ausencia de semejantes instituciones internacionales, temo que las propuestas de Zolo, a pesar de su profesado realismo, no sean capaces, realistamente, de refrenar la actual ley del más fuerte, ni, por ello, de garantizar la paz ni, aún menos, de asegurar la garantía de los derechos fundamentales que constituye el presupuesto elemental de la convivencia pacífica.

J.R.M.: Durante estos últimos años de pesadilla berlusconiana, de interminable crisis constitucional en Italia, y ante noticias provenientes de allí, me ha venido algunas veces a la memoria el artículo 377 de la Constitución francesa del 5 fructidor del año III (22 de agosto de 1795) que tú has citado con frecuencia: *Le peuple français remet le dépôt de la présente Constitution à la fidélité du Corps législatif, du Directoire exécutif, des administrateurs et des juges; à la vigilance des pères de famille, aux épouses et aux mères, à l'affection des jeunes citoyens, au courage de tous les Français.*

La situación de la vida constitucional italiana de estos últimos años ha sido, me parece, justamente la opuesta al estado de cosas que encuentra su formulación en este artículo. En cuanto al ejecutivo y a la mayoría del legislativo se han encontrado ciertamente bien lejos de la fidelidad a los valores constitucionales: ocupados por grupos que, cuando tenían algún horizonte que fuera más allá de la defensa de intereses puramente privados, se inspiraban en valores por completo antitéticos de aquellos que subyacen al texto constitucional; en cuanto a los ciudadanos en general, ha sido precisamente su voto o su pasividad lo que ha permitido a estos grupos ocupar esos poderes. Ha dado con frecuencia la impresión durante estos años de que, por el lado institucional, solo el presidente de la República y un sector de la judicatura defendían con cierta firmeza los valores constitucionales. ¿Qué ha pasado en Italia que pueda explicar que se haya llegado a esta situación de degradación de la República? No hace tantos años que Italia, que tenía el partido comunista más potente y más renovado de Europa, parecía el lugar en que iban a realizarse las grandes esperanzas de la izquierda. Permíteme que, tras preguntarte por el diagnóstico de la enfermedad y antes de hacerlo por sus terapias, te haga dos preguntas, una de tipo personal y la otra, digamos, de prognosis. La pregunta personal es la siguiente: ¿Cómo te has sentido estos años? Tú, que has dedicado tantos esfuerzos a esclarecer y a defender los valores y la arquitectura institucional de la democracia constitucional, ¿has llegado a tener alguna sensación de fracaso biográfico en este plano? Y en cuanto a la prognosis ¿crees que podemos estar en el comienzo del fin de la pesadilla?, ¿cabe prever, a tu juicio, que los *referenda* perdidos por Berlusconi este mismo mes de junio de 2011 marquen el comienzo de una nueva etapa de la vida política italiana?

L.F.: Estoy completamente de acuerdo contigo sobre el diagnóstico de la crisis italiana. Desde hace ya diecisiete años —con los dos paréntesis 1996-2001 y 2006-2008 de gobiernos de centro-izquierda— estamos siendo gobernados, en Italia, por una clase política corrompida y codiciosa, formada prevalentemente por dependientes y cortesanos de Silvio Berlusconi, y por una fuerza política localista, xenófoba y racista como la Liga Norte; por dos fuerzas, añado, ambas ajenas y tendencialmente hostiles a la cultura constitucional.

Los historiadores tendrán dificultades para explicar esta metamorfosis de la sociedad y de la política italianas. Lo que es cierto es que el vacío de poder provocado por el desplome de los partidos de gobierno de la primera República, que siguió a las investigaciones sobre la corrupción de Manos Limpias en los años 1992-1994, ha sido llenado por una derecha populista y tendencialmente destructiva que ha hecho de la defensa de las ilegalidades y de los intereses personales del jefe una especie de *Grundnorm*, no negociable y no derogable. El cemento ideológico que cohesiona a toda la coalición de la derecha, vinculándola al líder, es la idea de que el voto y el consenso popular son la única fuente de legitimación, exclusiva y exhaustiva, del poder de gobierno. Límites y vínculos constitucionales, separación de poderes, pesos y contrapesos, y más aún los controles de legalidad, son vistos, por ello, como ilegítimos, fruto de complots judiciales urdidos en la sombra y, en todo caso, de iniciativas antidemocráticas. Es esta concepción elemental de la democracia como omnipotencia de la mayoría —y de su jefe— en cuanto expresión de la voluntad popular, lo que la derecha ha propagado obsesivamente en estos años en los medios controlados por Berlusconi, hasta convertirla en sentido común para una parte amplia del electorado. La ilegalidad de la política, que en la primera República era un fenómeno, con todo, siempre patológico, se ha transformado, paradójicamente, en el rasgo constitutivo y, por así decirlo, fisiológico de la política berlusconiana, legitimado y ocultado, gracias a la potencia de los medios, por el descrédito de los «viejos partidos» y la «vieja política», por la deriva populista del sistema político y por una especie de feudalización de la derecha gubernamental basada en el intercambio entre fidelidad y protección. La estabilidad de los gobiernos berlusconianos, en la legislatura 2001-2006 y más todavía en la legislatura actual, está, en efecto, vinculada únicamente al hecho de que los parlamentarios del partido de mayoría relativa, precisamente porque han sido escogidos únicamente en base a su fidelidad y a su actitud de obediencia, saben perfectamente que después de la caída del jefe no tendrán ningún futuro político. A la reivindicación populista del absolutismo de los poderes políticos se ha añadido, por otro lado, la reivindicación neoliberal (y la práctica) del absolutismo de los poderes económicos, concebidos también como «libertades» que no toleran límites y vínculos legales. Y los dos absolutismos se han concentrado y confundido en la persona del empresario-primer ministro Berlusconi, generando un reforzamiento perverso de uno y otro: dinero para financiar las campañas televisivas e incluso la compra de parlamentarios de la oposición; política a favor de las propias empresas y en apoyo de la propia impunidad. Es este el último rasgo patológico de la crisis italiana, el más grave y llamativo: el conflicto de intereses en el vértice del Estado transformado —por la férrea disciplina de los parlamentarios de la mayoría, llamados a votar uniformemente innumerables leyes *ad personam*— en la absoluta primacía de los intereses personales del jefe sobre los intereses públicos. Afortunadamente, hasta ahora el orden constitucional ha resistido, al menos en parte, gracias a la independencia de las instituciones de garantía: de la jurisdicción ordinaria, de la Corte Constitucional y del presidente de la República.

Todo esto, por lo demás, ha sido posibilitado también por la crisis profunda en la que ha desembocado la izquierda italiana. El Partido Socialista de Bettino Craxi se había convertido ya, en los años ochenta, en un partido de derecha, cimentado en la conducta facinerosa y la corrupción y no por casualidad totalmente arruinado y destruido, aún más que la misma Democracia Cristiana, por las investigaciones judiciales. A su vez el Partido Comunista, que no se vio afectado por las pesquisas judiciales, había puesto en marcha ya antes su autodisolución, no tanto por los repetidos cambios de nombre, como, más bien, por la desmovilización de sus organizaciones de base y por el abandono de su tradicional papel de representación y protección del mundo del trabajo, abandonado a la precarización y a la disgregación. La crisis italiana hunde también sus raíces, por ello, en responsabilidades graves de la izquierda, subalterna a lo largo de todos estos años, hasta el límite de la connivencia, respecto a las opciones políticas y a la hegemonía ideológica de la derecha: respecto al espejismo del bipolarismo en el terreno político e institucional y a la ideología neoliberal en el terreno económico y social.

El principal mérito histórico del PCI, mucho más allá de sus apariencias ideológicas y de sus políticas de compromiso, consistió en el trabajo de pedagogía civil, de socialización de la política y de politización y democratización de la sociedad italiana, posibilitadas por su fuerte enraizamiento social y por su relación estrecha con el mundo de la cultura. Estos vínculos con la sociedad fueron cortados por el grupo dirigente del nuevo partido, que de hecho ha disuelto las organizaciones de base territoriales y de lugares de trabajo, con la ilusión de poder competir, en la confrontación bipolar con Berlusconi, por medio de las apariciones y los debates televisivos. El electorado del viejo PCI, formado esencialmente por la clase obrera y el mundo progresista, se ha dividido de esta forma: una parte, la de menos formación cultural, ha llegado a ser víctima de la propaganda berlusconiana; otra parte ha quedado sustancialmente carente de representación, a causa, entre otras cosas, de las divisiones internas de la oposición parlamentaria. Obviamente, como era previsible y muchos habíamos previsto, la opción por el sistema electoral mayoritario y por el bipolarismo, transformada en una especie de dogma para la mayor parte de la clase política, también para la de izquierdas, ha favorecido, gracias al fuerte control de los medios de comunicación por parte de Berlusconi, la personalización de la política y sus derivas plebiscitarias.

No menos destructivo ha sido el abandono sustancial por parte de la izquierda del papel de defensa del mundo del trabajo y de los derechos sociales, siguiendo la consigna neoliberal. El viejo Derecho del trabajo, con sus derechos y sus garantías conquistados en decenios de luchas, ha sido disuelto por medio de una serie de contrarreformas a las que han contribuido los propios gobiernos de centro-izquierda: la sustitución de la contratación colectiva por la contratación individual; el abandono del viejo modelo de la relación de trabajo por tiempo indeterminado en favor de múltiples relaciones de trabajo individuales, atípicas, flexibles, intermitentes, precarias y por ello carentes de garantías; la consiguiente desvalorización del trabajo y de los trabajadores, reducidos, como en el siglo XIX, a mercancías en competencia entre sí. Palabras como «trabajadores», «clase obrera» y «movimiento obrero» están ya fuera de uso, no se pronuncian y resultan impronunciables, al haber desaparecido, con la generalización de la precariedad de las relaciones de trabajo, casi todas ya de carácter individual y por tiempo determinado, la vieja solidaridad de clase basada en la igualdad, en el carácter común de las condiciones de trabajo y en la garantía de los derechos de todos. La propia Constitución ha sido deteriorada y agredida repetidas veces, también por las fuerzas de izquierda, con sus repetidos intentos de reforma constitucional. Hoy, la mayor fuerza de la izquierda, el Partido Democrático, es una formación de incierta identidad política y de escasa representatividad social, empeñada en una carrerilla tras un fantasmal electorado moderado y dividida por penosas e indescifrables luchas internas.

Puedes imaginar cómo me he sentido en estos años. También he tenido, como tantos otros, una sensación de frustración. Pero he contrarrestado siempre esta sensación con lo que he llamado «optimismo metodológico», y que no es más que la convicción de que las derrotas y los retrocesos no son nunca definitivos; que la «esperanza de tiempos mejores» y la confianza en su «posibilidad» y «factibilidad» es, como nos enseñó Kant, el principal motor de la acción moral y política[17]; y que precisamente en los tiempos peores adquieren sentido y valor, más que nunca, nuestro compromiso civil y nuestras batallas culturales. Por lo demás, quizá estemos en el final de la pesadilla. La revuelta de masas manifestada en las recientes derrotas electorales de Berlusconi y en el éxito de los cuatro *referenda* derogatorios, incluido el celebrado contra la enésima ley *ad personam*, abre la posibilidad de un nuevo comienzo. Pero solo si la izquierda es capaz, extrayendo lecciones del pasado, de una renovación profunda: de reformar radicalmente las propias organizaciones partidarias, de restablecer el contacto con la sociedad y de volver a asumir como programa político la defensa del trabajo, de los derechos sociales y de los bienes fundamentales. Popu-

---

17. I. Kant, «Sopra il detto comune: 'questo può essere giusto in teoria, ma non vale nella pratica'» [1793], en Íd., *Scritti politici e di filosofia della storia e del diritto*, Utet, Turín, 1967, pp. 276-277. [Trad. esp. de M. F. Pérez López y R. Rodríguez Aramayo: *En torno al tópico: Tal vez eso sea correcto en teoría, pero no sirve para la práctica*, Tecnos, Madrid, 1986].

lismo y conflictos de intereses, control político de los medios de comunicación y desarraigo social de los partidos, personalización de la representación y abandono de la protección del mundo del trabajo se han revelado —no solo en Italia— como las principales amenazas para el futuro de la democracia. Son estas amenazas las que no solo las fuerzas políticas progresistas, sino también el mundo de la cultura, y en particular de la cultura jurídica, están hoy llamadas a neutralizar.

J.R.M.: En el libro —*Poderes salvajes*— que has dedicado a la crisis constitucional italiana propones diversos «remedios a la crisis», a adoptar «en la difícil fase de reconstrucción que habrá que poner en marcha tras el final de la aventura berlusconiana»[18]. Algunos de estos remedios me parecen indiscutibles: sistemas de incompatibilidades destinados a instaurar o restaurar las separaciones entre funciones públicas y grandes intereses privados, así como entre instituciones de gobierno e instituciones de garantía, una ley de partidos políticos que imponga heterónomamente su democratización e impida la degeneración de los mismos «en oligarquías que no toleran el disenso y que no admiten el recambio de los dirigentes si no es por cooptación de vértice»[19]; prohibición «a cualquiera de la propiedad privada de más de un diario o de una red televisiva», como «única medida capaz de asegurar un pluralismo efectivo y una efectiva diferenciación de los medios de información»[20]; un «estatuto adecuado de los derechos de los periodistas y de los lectores»[21] que logre «la separación de la libertad de información respecto de la propiedad de los medios de comunicación».

Algún otro de los remedios que propone —el reemplazo del sistema electoral mayoritario por un sistema electoral proporcional— me parece, sin embargo, bastante más controvertible. En tu respuesta precedente acabas de hacer una referencia sumamente crítica al sistema electoral mayoritario. En esto, eres, desde lue-

---

18. L. Ferrajoli, *Poteri selvaggi. La crisi della democrazia italiana*, Laterza, Roma-Bari, 2011, p. 60 [trad. esp.: *Poderes salvajes. La crisis de la democracia constitucional*, trad. y prólogo de P. Andrés Ibáñez, Trotta, Madrid, ²2011, pp. 83-84].
19. *Ibid.*, p. 74 [trad. esp., p. 98].
20. *Ibid.*, p. 76 [trad. esp., p. 100].
21. *Ibid.*, p. 78 [trad. esp., p. 103].

go, enteramente coherente con lo que has venido sosteniendo en otros escritos como, por ejemplo, en el segundo volumen de *Principia iuris* y también en *Poderes salvajes*. En *Principia iuris* enumeras diversas razones en contra del sistema electoral mayoritario: dicho sistema, dices, «compromete el igual valor del voto», pues «los votos minoritarios resultan [...] completamente carentes de relevancia»; además, al depender «la victoria de una formación» de alcanzar «la mera mayoría relativa, que equivale en realidad a una minoría», el sistema mayoritario se sitúa «en paradójica discordia con el principio de mayoría»; el sistema mayoritario, añades, tiende a producir una «división ficticia del sistema político en dos bloques contrapuestos», lo que obliga a «artificiosas coaliciones o agrupaciones, que hacen violencia a la complejidad social», pues «las fuerzas menores se encuentran obligadas a adherir a programas que no siempre comparten y a reducir por ello su papel de representación»[22]. Coherentemente con ello, en *Poderes salvajes* concedes una gran importancia a la reintroducción del sistema proporcional, entre los «remedios» que propones para el posberlusconismo. «Solo el método proporcional —escribes— goza de idoneidad para representar la pluralidad de las opiniones políticas, la diversidad de los intereses y los conflictos de clase que cruzan el electorado», mientras que «la deriva populista y antirrepresentativa del sistema político italiano es el fruto envenenado y el coronamiento institucional [...] de la opción por el bipolarismo y de la borrachera mayoritaria»[23].

Pues bien, me parece que tu posición adolece aquí de un cierto unilateralismo: del sistema electoral mayoritario señalas únicamente los defectos y del sistema proporcional, únicamente las virtudes y, sobre esta base, la opción por el sistema proporcional resulta, desde luego, nítida. Pero quizás las cosas aparezcan menos claras si atendemos, en relación con ambos sistemas, tanto a sus defectos como a sus virtudes. Comparto, desde luego, todo lo que dices sobre los defectos del sistema mayoritario. Y estoy de acuerdo también en que el sistema proporcional produce, en línea de principio, una representación más fiel del peso de cada una de las opciones políticas. Pero me parece que aquí no acaban las cosas que de-

---

22. PI II, pp. 181-184 [trad. esp., PI II, pp. 179-182].
23. *Poteri selvaggi...*, cit., p. 63 [trad. esp., pp. 86-87].

ben entrar en línea de cuenta, sino que también deben considerarse otras cosas, tales como, sobre todo, la calidad del personal político que uno y otro sistema tienden a seleccionar y también las tentaciones de corrupción que aparezcan como connaturales a cada uno de ellos. En este sentido, parece claro que el sistema proporcional exige, para ser operativo como tal, circunscripciones amplias en las que cada partido pueda proponer a los electores una lista igualmente amplia de candidatos. Y aquí se abre, creo, un verdadero dilema para la representación proporcional: pues tales listas amplias pueden ser, o bien cerradas y bloqueadas, como es el caso de España, o bien cerradas y desbloqueadas, o bien abiertas y, es de suponer, desbloqueadas. Si las listas son cerradas y bloqueadas, de tal forma que el elector solo puede escoger entre las listas que le proponen los diferentes partidos, pero no puede integrar nombres de más de una lista (porque son cerradas) ni alterar el orden de los integrantes de la misma (porque son bloqueadas), entonces el poder de las direcciones de los partidos sobre los cargos electos es, inevitablemente, inmenso: una buena colocación en la lista prácticamente asegura el escaño, mientras que la ubicación en un lugar bajo de la misma prácticamente asegura, también, la no elección. De este modo se genera una clase política en la que la sumisión a la dirección del partido es el rasgo dominante, porque de ello depende su continuidad en la carrera política. Pero si se opta por, por ejemplo, desbloquear las listas, de tal modo que el elector pueda alterar el orden de los candidatos en las mismas, entonces cada candidato pasa a competir con todos los demás de su mismo partido en la misma circunscripción (inevitablemente amplia para la operatividad de la proporcionalidad): lo cual implica la necesidad de recursos propios de cada candidato para promover su propia opción; y eso parece —según indica la experiencia— una vía franca hacia los mecanismos irregulares de financiación y, en definitiva, hacia la corrupción.

Por el contrario, me parece que, al menos en relación con estos aspectos, un sistema mayoritario a la británica, de pequeños distritos electorales uninominales, presenta ventajas. La obtención del escaño depende mucho más de la relación que el candidato logre establecer con los electores, y no tanto de la relación que tenga con la dirección del partido; ello favorece la presencia en la vida política de personalidades más fuertes, más atentas a las opiniones de sus electores y menos sumisas en relación con las direcciones de sus partidos; el carácter relativamente reducido de la circunscripción ocasiona, por otro lado, que se pueda desarrollar en ella una campaña razonable con medios económicos más modestos.

No sostengo, desde luego, que estas razones sean suficientes para optar por un sistema electoral a la británica. Lo que pretendo mostrar es, simplemente, que a la hora de optar por un cierto diseño en materia de sistema electoral, no se trata de privilegiar una única exigencia, sino de cohonestar en el mayor grado posible exigencias —como, por un lado, el mayor grado posible de fidelidad a las preferencias del electorado en el peso que en el órgano representativo tengan las diversas opciones y, por otro, la calidad de los integrantes de ese órgano y la calidad también de su relación con los electores— que empujan en direcciones opuestas. Es muy posible que la medida en que se pueda cohonestar la satisfacción de estas diversas exigencias no sea muy elevada, y haya por ello que realizar opciones que impliquen pérdidas sustanciales en relación con alguna o algunas de esas exigencias, pero creo que, en todo caso, la opción en materia de sistemas electorales presenta una mayor complejidad de lo que tu inclinación sin fisuras ni matices por el sistema proporcional da a entender. Pero supongo que no estarás de acuerdo...

L.F.: En efecto, no estoy de acuerdo. Antes de contestar a tus consideraciones sobre mis tesis en materia electoral, me parece útil una observación preliminar con la que quizás estarás de acuerdo. Hoy, el principal problema de la democracia —el más grave y destructivo— consiste en la crisis, que tiende hasta la disolución, de su dimensión más tradicional: la dimensión formal, política o representativa. Se trata de una crisis no solo de representatividad, sino también, y aun antes, de credibilidad y de eficacia. No hablo solo de Italia, donde estamos gobernados por un bufón en pacto con un personaje inculto y vulgar como es el jefe de la Liga Norte. La crisis se manifiesta en todas las democracias avanzadas y es una crisis de la política como tal: cada vez más subordinada a la economía, cada vez más entregada a personajes débiles e incompetentes, cada vez más en crisis de prestigio, cada vez más lejana —por incapacidad, o por subalternidad ideológica, o por connivencia con el mundo de los negocios— de las necesidades y de los problemas de los países que está llamada a gobernar. Señalaré dos aspectos de ello, en parte relacionados entre sí: en primer lugar, el descrédito generalizado de la política y de la clase política, lo que certifican las tasas cada vez más bajas de popularidad y de consenso de casi todos los líderes occidentales, de Sarkozy a Merkel, de vuestro Zapatero a Cameron, e incluso al sobresaliente Obama; en segundo lugar, y sobre todo, la impotencia de la política y de sus tradicionales instituciones democráticas nacionales —partidos, gobiernos, parlamentos— frente al capitalismo globalizado de hoy y a los llamados «mercados», es decir, a los poderes desregulados y voraces de las finanzas especulativas, los cuales, además de haber provocado la actual crisis económica, han impuesto a los Estados las restricciones al Estado del bienestar, la reducción de la esfera pública y de los derechos sociales, el desmantelamiento del Derecho del trabajo, el crecimiento de las desigualdades y de la pobreza y la devastación de los bienes comunes. Se ha producido así una inversión de la relación entre política y economía: ya no son los Estados, con sus políticas, los que controlan el mundo de los negocios y regulan y gobiernan la vida económica y social en función de los intereses públicos y generales, sino que son los poderes incontrolados de los mercados los que imponen a los Estados políticas antidemocráticas y antisociales, para ventaja de los intereses privados de maximización de beneficios y de rapiña de los bienes colectivos.

De aquí la importancia de la cuestión electoral. Para los fines de garantía de la dimensión política de la democracia, el método de formación de la representación no es, ciertamente, el único problema, y quizás ni siquiera es el problema principal. Pero es con seguridad un problema fundamental. Para fundamentar una opción racional por el mejor sistema, por lo demás, es útil distinguir, a mi parecer, dos niveles de discurso, que exigen dos criterios diferentes de juicio: el primero está vinculado a las concretas características específicas del país del que nos ocupamos; el segundo es de carácter más propiamente teórico, y se refiere a las características de los distintos sistemas evaluados en abstracto. En relación con ambos aspectos intentaré desarrollar, en respuesta a tus observaciones, argumentos ulteriores que, añadidos a los recordados por ti, hacen hoy preferible, a mi juicio, el sistema proporcional.

Comencemos por los argumentos vinculados a las características contingentes, de tipo social y cultural, de cada país. El sistema mayoritario y tendencialmente bipolar —tanto si se realiza por medio del método uninominal, como en Inglaterra, como si lo hace por medio de premios desproporcionados de mayoría a la mayoría relativa, es decir, a la minoría mayor, como sucede actualmente en Italia— supone, para poder funcionar democráticamente, una circunstancia absolutamente fundamental: el que se compartan, por parte de las dos formaciones mayores, valores morales y políticos comunes, como los incorporados en nuestras constituciones. Pues bien, este concordar en valores, este sentido cívico común, comenzando por la elemental percepción de la legalidad como un principio vinculante —ciertamente presentes en un país de democracia antigua como Inglaterra— se han mostrado ausentes en Italia. El llamado Pueblo de la Libertad de Berlusconi y la Liga Norte de Bossi, aliados en una única coalición, no solo son partidos posconstitucionales, sino también, tendencialmente partidos anti o a-constitucionales: por su ideología populista de la omnipotencia de la mayoría y de la insustituibilidad del jefe, por su sustancial rechazo de las connotaciones genéticamente antifascistas de nuestra República, por sus repetidos ataques al principio de igualdad, a la separación de poderes, al trabajo, a los sindicatos e incluso a la cultura como tal. Hoy estos valores son compartidos y defendidos solo por las fuerzas de oposición y, sobre todo, por su electorado, en minoría en el Parlamento pero quizás, afortunadamente, ya hoy en mayoría en el país. Nos hemos dado cuenta, a nuestras expensas, del papel de filtro civil respecto de su base social que ha ejercido durante cuarenta años la Democracia Cristiana, que, a pesar de todos sus defectos, fue siempre, con todo, un partido parlamentario, antifascista y constitucional.

Por esto el sistema mayoritario y bipolar se ha manifestado siempre inadecuado para Italia. Al enviar al poder a fuerzas que tienen en común un analfabetismo constitucional del que hacen gala, el sistema mayoritario ha puesto constantemente en riesgo —piénsese solo en tantas reformas constitucionales intentadas y por fortuna abortadas— la que he llamado esfera de lo indecidible; ha trastornado la democracia parlamentaria, al verticalizar la representación y endurecer las relaciones entre las fuerzas políticas que se desarrollan más en las formas del choque frontal que en las de la confrontación de ideas y la mediación; ha injertado en la política la lógica del amigo-enemigo, por medio de la deslegitimación como virtualmente antidemocráticas, solo porque no son expresiones de la mayoría, de las instituciones de garantía, de la prensa libre y de la propia oposición parlamentaria; ha favorecido, en fin, la personalización del sistema político, la deriva populista, la concentración y confusión de poderes; dicho brevemente, la aventura berlusconiana. Añado que el sistema bipolar italiano, introducido en 1994 por una ley que confiaba la elección de los ¾ de los parlamentarios al sistema uninominal y del restante cuarto al sistema proporcional, ha sido ulteriormente endurecido, en 2005, por una ley de la derecha que sus mismos autores han llamado «cerdada» y que reúne lo peor de los dos sistemas: formalmente proporcional y con listas cerradas y bloqueadas, se vuelve de hecho mayoritario y bipolar por un ingente premio de mayoría para la minoría mayor y por elevados umbrales de entrada para los partidos menores; con el efecto de que obliga a todas las fuerzas políticas a coaligarse en dos formaciones contrapuestas y a los electores a converger en una de ellas. Resulta de ello una mayoría formada por cortesanos en realidad nombrados, más que elegidos, y sobre cuya obvia disciplina, que permanece indiferente frente a escándalos y bancarrotas, se ha basado siempre la estabilidad parlamentaria de este gobierno.

Pero vayamos a los aspectos teóricos de la cuestión, que no afectan solo a Italia, sino a todas las democracias avanzadas, que, con todo, debieran extraer lecciones de la crisis italiana. Has ilustrado tú el sistema mayoritario de tipo inglés, cuyas virtudes, repito, son no tanto intrínsecas al sistema, como vinculadas, sobre todo, al hecho de que Inglaterra es Inglaterra. Pues, en efecto, un sistema semejante no garantiza por sí mismo, en absoluto, la mejor calidad de los candidatos y la ausencia de financiaciones ilícitas. Hoy, mucho más que la relación directa y casi personal con los electores, evocada por su imagen decimonónica y posibilitada en el pasado por el sufragio restringido, ha llegado a ser también dominante en ese sistema la relación con el dinero, necesario para financiar campañas cada vez más costosas. Esta relación de la política con el dinero se encuentra favorecida por los sistemas uninominales no menos, sino quizás incluso más, que por los sistemas proporcionales. Ya que resulta ilusorio suponer que los grandes intereses, o, peor, las mafias locales, no se movilicen, en los diversos colegios, para apoyar a los candidatos más dispuestos a proteger sus intereses.

Un discurso distinto puede hacerse para el sistema proporcional. Este sistema es, ciertamente, el que favorece más el enraizamiento social de los partidos, esencial para la democracia política, pero también, como dices tú, el reforzamiento de sus poderes sobre los elegidos. Precisamente por esta última circunstancia, no puede ser un sistema de listas cerradas y bloqueadas, si queremos impedir la subalternidad de los parlamentarios, justamente señalada por ti, respecto de las burocracias de los partidos. Por otro lado, tú reconoces los méritos del sistema proporcional y los defectos del sistema mayoritario que yo indico. Pues bien, los defectos que indicas tú respecto del sistema proporcional de listas no bloqueadas —el primero de todos, la necesidad de que cada candidato disponga de medios económicos y el consiguiente peligro de financiaciones ilícitas y de corrupción— no son mayores, como he dicho ya, que los mismos defectos del sistema mayoritario uninominal. Estos defectos, por lo demás, podrían ser removidos, o al menos reducidos, por la introducción de algunas garantías, que he propuesto varias veces y por último en *Principia iuris* y *Poderes salvajes*: *a*) una financiación pública adecuada de los partidos, condicionada al hecho de que estos se doten de un estatuto democrático idóneo para garantizar el poder de decisión de los afiliados; *b*) la elección de los candidatos en las diversas circunscripciones por medio de consultas primarias en el interior de los partidos; *c*) la incompatibilidad entre cargos de partido y cargos institucionales electivos, capaz de restituir a los partidos credibilidad y prestigio, como órganos de la sociedad y no del Estado, y de impedir las autocandidaturas de los dirigentes; *d*) la introducción, en fin, de instituciones electorales de garantía independientes, como el Instituto Federal Electoral y el Tribunal Electoral establecidos en México, capaces de controlar la transparencia de las financiaciones privadas, que, por lo demás, la ley debería regular rígidamente y limitar en la mayor medida posible, capaz de controlar asimismo las diversas formas de incompatibilidad e inelegibilidad, comenzando por las generadas por los conflictos de intereses, y capaz también de controlar el igual acceso de los partidos y de los candidatos a los espacios de comunicación política y la regularidad de los procedimientos electorales. Me doy cuenta perfectamente de la hostilidad y la oposición que la introducción de semejantes garantías está destinada a encontrar en la clase política, no solo de la derecha sino también, desgraciadamente, de la izquierda. Pero solo una radical refundación de las instituciones políticas, a través de garantías de este tipo, puede hacer frente a la grave crisis actual, no solo de la representación sino de la democracia misma, y restituir a la política su papel de gobierno.

J.R.M.: A lo largo de esta conversación, ha aparecido repetidas veces la distinción entre instituciones de gobierno e instituciones de garantía. Esta distinción es, sin duda, capital en tu manera de entender el sistema jurídico-político. Y la exigencia de separación entre ambos tipos de instituciones, de gobierno y de garantía, es también central en tus propuestas de reforma. Parece, sin embargo, claro que al menos algunas de las instituciones de garantía —como es el caso muy especialmente del poder judicial— requieren de sus propias instituciones (u órganos, si lo prefieres) de gobierno. Quisiera que terminásemos esta conversación hablando de los órganos de gobierno de esa institución de garantía que es el poder judicial. Me ha llamado la atención que, entre las propuestas de reforma contenidas en *Poderes salvajes*, no haya ninguna a este respecto. ¿Cuál es la razón de esa ausencia? No creo, desde luego, que pienses que en materia de gobierno del poder judicial hemos alcanzado un mundo constitucionalmente óptimo. ¿Cómo valoras la experiencia italiana del Consiglio Superiore della Magistratura y la española del Consejo General del Poder Judicial? La experiencia italiana me resulta, como es natural, mucho menos conocida, pero en cuanto a la española diría que el Consejo General del Poder Judicial es visto por la opinión pública, y no sin razón, sobre todo como el lugar central en el que se generan y realizan intercambios entre el gobierno y los partidos políticos parlamentarios, de un lado, y las cúpulas de las asociaciones judiciales, de otro. Esto es, como el lugar en el que se produce no la separación, sino precisamente la colusión entre las instituciones de gobierno (el Parlamento y el Gobierno) y las instituciones de garantía (el poder judicial). El hecho de que los miembros del CGPJ suelan aparecer, en las votaciones importantes, divididos exactamente por las mismas fronteras que los miembros del parlamento contribuye a incrementar esa imagen de colusión. Y, en este orden de cosas, diría que la situación es básicamente la misma tanto con el primitivo sistema de elección por jueces y magistrados de los doce vocales del CGPJ de procedencia judicial, vigente hasta 1985, como con el sistema actual en el que viene encomendada a las dos cámaras parlamentarias la elección de esos mismos vocales (si bien, a partir de 2001, entre candidatos presentados por los mismos jueces y magistrados). ¿Qué piensas tú? ¿Crees que está bien resuelto, en constituciones como la italiana o la española, el problema del gobierno de la judicatura? ¿En qué sentido debieran ir las eventuales reformas?

L.F.: Te agradezco esta pregunta, que me permite, antes de contestar a la cuestión específica referida al Consiglio Superiore della Magistratura, aclarar mejor la distinción y el principio de separación entre *funciones* e *instituciones de gobierno* y *funciones* e *instituciones de garantía*. La distinción entre estas dos clases de funciones que, como dices, considero central[24], se fundamenta en la profunda diferencia que hay entre sus fuentes de legitimación: la representatividad política en el caso de las funciones de gobierno y la tutela de los derechos en el caso de las funciones de garantía. Es esta legitimación diferente la que exige que las funciones de garantía estén separadas y sean independientes de las de gobierno. Por dos razones. En primer lugar, porque, mientras que el ejercicio de las funciones de gobierno está obligado solo a lo que, como recordarás, he llamado el *respeto* a las normas a él supraordenadas, con los amplios márgenes de autonomía que se siguen de ello, el ejercicio de las funciones de garantía está vinculado a la aplicación sustancial de tales normas (D12.11-D12.18), es decir, a la verificación de los presupuestos preestablecidos por ellas; y resulta claro que a una actividad (aunque sea tendencialmente) cognitiva las dependencias burocráticas o los condicionamientos políticos pueden únicamente deformarla. En segundo lugar, porque las garantías de los derechos, que se atribuyen en interés de cada individuo que es titular de los mismos, están siempre, virtualmente, en conflicto con los intereses de las contingentes mayorías; como tú mismo sostienes también, estos derechos, cuando son expresados por principios constitucionales «en sentido estricto», prevalecen, en base al «individualismo igualitario» que ambos compartimos, sobre las directrices constitucionales.

---

24. A esta distinción he dedicado los §§ 10.16-10.18 y 12.15-12.18 de PI I y los §§ 14.10-14-12 de PI II.

De aquí, me parece, la necesidad de poner al día la clásica tripartición y separación de los poderes de Montesquieu, formulada hace más de dos siglos y medio con referencia a unos arreglos institucionales por completo diferentes de los actuales. Se trataba, entonces, de asegurar la independencia (y la primacía) del poder legislativo respecto del poder ejecutivo del monarca y la independencia del poder judicial respecto de uno y de otro. Hoy, en las democracias constitucionales actuales, el poder ejecutivo y el poder legislativo, que he juntado en la clase de las *'funciones de gobierno'*, tienen la misma fuente de legitimación —la representación política— y están, sobre todo en las democracias parlamentarias, en una relación entre sí que es mucho más de *compartición* que de *separación*: en Italia, por ejemplo, el Gobierno debe tener la confianza de las Cámaras, que pueden ser disueltas por un acto del presidente de la República refrendado por el presidente del Gobierno; tiene, además, el poder de iniciativa legislativa y puede dictar, en caso de necesidad y urgencia, decretos-leyes sujetos, dentro del plazo de sesenta días, a su conversión en leyes por parte de las Cámaras.

Por otro lado, con el desarrollo del Estado social, se han multiplicado, en estos últimos dos siglos, funciones administrativas de garantía de los derechos sociales —la educación, la asistencia sanitaria, la previsión social y cosas semejantes— que, al no poder ciertamente encuadrarse en el poder legislativo o en el poder judicial, se han venido acumulando, junto con las funciones administrativas propiamente auxiliares de las actividades de gobierno, en ese gran contenedor llamado «Administración pública», a las órdenes del poder ejecutivo. Pero se trata de las que he llamado *funciones de garantía primaria* (D12.13), orientadas precisamente a la garantía directa de los derechos (D10.39), es decir, a su tutela y satisfacción en vía primaria, y legitimadas por ello, no por el consenso mayoritario, sino por la aplicación sustancial de las leyes sobre la base de la verificación de los presupuestos establecidos por ellas. Por esto, para evitar las degeneraciones bien conocidas producidas por su condicionamiento político, se exige, también de estas funciones, no ya la *compartición* y la dependencia, sino su *separación* de las funciones de gobierno (D12.8, T12.115); no menos de lo que sucede respecto de las tradicionales funciones judiciales, que he llamado *funciones de garantía secundaria* (D10.40, D12.14), puesto que intervienen para reparar, con sanciones y anulaciones, los actos ilícitos o los actos inválidos, comenzando por aquellos que violan las garantías primarias (T10.207).

Es claro, por lo demás, que la «com-partición» o «división» es una forma de distribución del poder lógicamente contraria a la de la «separación» de los poderes. Hay *compartición* o *división del poder* cuando los actos preceptivos por medio de los cuales se ejerce tal poder por sus titulares suponen, por parte de otros sujetos pertenecientes a la misma institución, *aa*) la realización de actos instrumentales respecto de aquellos (es la que he llamado *división funcional*) y/o *ab*) la designación, revocación o regulación de los sujetos que son autores de los mismos (es la llamada *división orgánica*) (D12.5-D12.7). Por el contrario, hay *separación de poderes* cuando los actos preceptivos por medio de los cuales son ejercidos tales poderes por sus titulares excluyen, por parte de sujetos de instituciones distintas, *ba*) la realización de actos de procedimiento instrumentales respecto de aquellos (esta es la *separación funcional*) y/o *bb*) la designación, revocación o regulación de los sujetos que son autores de los mismos (esta es la *separación orgánica*) (D12.8-D12.10). En el Estado de Derecho todos los poderes públicos están divididos (o com-partidos), al ejercerse todos en las formas del *procedimiento*, sea este legislativo, administrativo o judicial. La separación, por su parte, se exige entre funciones o poderes de tipo distinto —como son las funciones de gobierno y las funciones de garantía, pero también los poderes públicos y los poderes privados (T11.135, T11.152-T11.153)— porque son distintos los fundamentos de su legitimidad.

Voy ahora a tu pregunta específica sobre el Consiglio Superiore della Magistratura italiano (y sobre el español Consejo General del Poder Judicial). Es verdad que ese órgano, como dices, es la institución de gobierno de una institución de garantía como es la judicatura. Precisamente por ello, sin embargo, el principio de separación de poderes exige su independencia y su separación orgánica de las instituciones y de las funciones políticas de gobierno: como órgano, precisamente, de *autogobierno* de la judicatura. El principal defecto del sistema español antes de la reforma de 1985 consistía, me parece, en un sistema electoral anormal de los consejeros de procedencia judicial —al mismo tiempo mayoritario y con un umbral mínimo del quince por ciento para las fuerzas menores— que, de hecho, excluía totalmente del Consejo a los jueces progresistas. La reforma de 1985, sin embargo, al atribuir al Parlamento la elección de todos los miembros del Consejo, ha establecido, en lugar de la separación, la compartición orgánica —o sea, como dices tú, la «colusión»— entre CGPJ y funciones políticas de gobierno, resquebrajando o en todo caso debilitando, como consecuencia, la separación orgánica entre funciones políticas de gobierno y funciones jurisdiccionales de garantía. Ha resultado de ello una politización del órgano, convertido en expresión de las fuerzas políticas presentes en el Parlamento y, en particular, de la mayoría gubernamental: es una solución no muy distinta de la vieja atribución al Ministro de Justicia de las funciones de gobierno de la judicatura. No tengo por ello dificultad en creer en los intercambios impropios generados por esa reforma, y lamentados por ti, entre el mundo de la política y los dirigentes de las asociaciones judiciales.

En Italia tenemos, por el contrario, un sistema mixto: el Consiglio Superiore della Magistratura (CSM) está formado, en dos tercios de sus componentes, por magistrados elegidos por los propios magistrados con un sistema sustancialmente proporcional, y por un tercio de profesores de materias jurídicas o de abogados con más de quince años de ejercicio elegidos por el Parlamento en sesión conjunta de ambas Cámaras; está presidido por el presidente de la República y, en su ausencia, por un vicepresidente elegido entre los componentes designados por el Parlamento; en fin, ninguno de sus miembros es reelegible inmediatamente. Esta composición equilibrada ha garantizado, en todos estos años, una independencia firme respecto del poder político tanto de los jueces como de los fiscales. La presencia de un tercio de consejeros de designación parlamentaria (ocho sobre veinticuatro), en efecto, si por un lado ha favorecido el pluralismo y ha operado en sentido contrario a la involución corporativa del órgano, por otro lado no ha alterado su papel de autogobierno; también porque la minoría de miembros elegidos por el Parlamento es designada, gracias a la mayoría cualificada exigida para su elección, en parte por las fuerzas de gobierno y en parte por las fuerzas de oposición.

Naturalmente, también este sistema, como todos, presenta defectos e imperfecciones, al no existir, en la realidad, «mundos constitucionalmente óptimos» ni mucho menos perfectos. Pero no sé qué hubiera ocurrido con las investigaciones de Manos Limpias en los primeros años noventa ni con las actuales sobre el jefe del gobierno y tantos miembros de su mayoría, si el CSM hubiese sido designado por esta última. Probablemente las investigaciones judiciales sobre los detentadores del poder no se habrían ni siquiera iniciado, y no sabríamos nada de tantos escándalos, malversaciones y corrupciones que están deteriorando la democracia italiana. A la inefectividad primaria del Estado de Derecho se habría añadido, así, su inefectividad secundaria. En suma, con todos sus límites y defectos, la separación no solo funcional sino también orgánica entre poder judicial y poder político es una de las pocas garantías que han asegurado hasta ahora, en este desquiciado país mío, el mantenimiento del Estado de Derecho. Por eso pienso que esta separación debe ser defendida hoy, contra tantos proyectos de reforma del CSM, dirigidos todos a acrecentar sus condicionamientos partidistas.

Añado una última consideración. El papel de autogobierno desarrollado por el CSM italiano ha favorecido en Italia el desarrollo de una cultura constitucional de la jurisdicción que ha transformado profundamente a toda la judicatura. Recuerdo perfectamente a la judicatura italiana de los años cincuenta y sesenta: tenazmente conservadora, escasamente informada o directamente hostil a los valores constitucionales, gravitando de hecho, tras la pantalla del apoliticismo, en la órbita del poder. La independencia institucional respecto del poder político ha sido un factor decisivo del desarrollo, entre los magistrados italianos, de una deontología y una cultura garantistas, tras la bandera de los valores constitucionales de la igualdad y de la tutela de los derechos fundamentales. Y esta cultura se ha irradiado en la Universidad, favoreciendo una refundación en sentido constitucional de las diversas disciplinas jurídicas: penalistas, civilistas, laboralistas y, obviamente, publicistas. Solo de esta forma se explica por qué la legalidad —no solo constitucional, sino también ordinaria— ha llegado a ser, en todos estos años, un valor de progreso, quizás el más importante y preventivo valor democrático, y la principal barrera a la degeneración actual del sistema político.

OTROS TÍTULOS

Luigi Ferrajoli
Principia iuris. Teoría del derecho y de la democracia (3 vols.)
Poderes salvajes. La crisis de la democracia constitucional
Derecho y razón. Teoría del garantismo penal
Los fundamentos de los derechos fundamentales
Derechos y garantías. La ley del más débil
Democracia y garantismo
Garantismo. Una discusión sobre derecho y democracia

Manuel Atienza y Juan Ruiz Manero
*Ilícitos atípicos. Sobre el abuso del derecho, el fraude de ley
y la desviación de poder*

Ermanno Vitale
Defenderse del poder. Por una resistencia constitucional

Óscar Alzaga
Del consenso constituyente al conflicto permanente

Carlos de Cabo Martín
Dialéctica del sujeto, dialéctica de la Constitución

Gerardo Pisarello
Un largo Termidor. La ofensiva del constitucionalismo antidemocrático

Rodolfo Vázquez
*Entre la libertad y la igualdad. Introducción
a la Filosofía del derecho*

Miguel Carbonell (ed.)
Neoconstitucionalismo(s)
Teoría del neoconstitucionalismo. Ensayos escogidos

Miguel Carbonell y Leonardo García Jaramillo (eds.)
El canon neoconstitucional

Miguel Carbonell y Pedro Salazar (eds.)
Garantismo. Estudios sobre el pensamiento jurídico de Luigi Ferrajoli

ALFONSO GARCÍA FIGUEROA
Criaturas de la moralidad. Una aproximación neoconstitucionalista
al Derecho a través de los derechos

LUIS PRIETO SANCHÍS
Justicia constitucional y derechos fundamentales
Apuntes de teoría del Derecho

GUSTAVO ZAGREBELSKY
Contra la ética de la verdad
El derecho dúctil. Ley, derechos, justicia
Principios y votos. El Tribunal constitucional y la política
Historia y constitución
La exigencia de justicia (con Carlo Maria Martini)

RICCARDO GUASTINI
Teoría e ideología de la interpretación constitucional

MAURIZIO FIORAVANTI
Los derechos fundamentales. Apuntes de historia de las constituciones
Constitución. De la Antigüedad a nuestros días

ALFONSO RUIZ MIGUEL
Una filosofía del derecho en modelos históricos.
De la Antigüedad a los inicios del constitucionalismo

DIETER GRIMM
Constitucionalismo y derechos fundamentales

JUAN-RAMÓN CAPELLA (ed.)
Las sombras del sistema constitucional español

BARTOLOMÉ CLAVERO
El Orden de los poderes. Historias Constituyentes
de la Trinidad Constitucional
Happy constitution. Cultura y lengua constitucionales

PEDRO CRUZ VILLALÓN
La Constitución inédita. Estudios
ante la constitucionalización de Europa